Anna Heringer, Eike Roswag
Istituto METI / Meti school

Photo: © Kurt Hoerbst

a cura di / edited by **Salvatore Spataro**

NEEDS

Architetture nei Paesi in via di sviluppo | Architecture in developing Countries

LetteraVentidue

ISBN 978-88-6242-032-7

Prima edizione/First edition, Marzo/March 2011
Seconda edizione/Second edition, Maggio/May 2013

Book design: Francesco Trovato (www.officina22.com)

LetteraVentidue Edizioni S.r.l.
www.letteraventidue.com
Via Luigi Spagna, 50 L
96100 Siracusa, Italy

Indice / Contents

GGAF
Young Architects Group of Florence

This book is also the catalog of the travelling exhibition "NEEDS-architecture in Developing Countries", which opened in Florence, Italy in March 2011 and has been shown in multiple italian cities including Ferrara, Bergamo, Cagliari, Selinunte, Ischia, San Vito dei Normanni, Cologno al Serio.

This project is about the theme of architecture in the Developing Countries to understand and to highlight, through a different reading, its technical, social and cultural peculiarities. The chief aim of this book is the presentation of some projects which are the consequence of different professional figures' work different for their provenance, education and experiences, but all joint by the passion of searching for an architecture which still can show the simple and proper aspect of its being, in a different context from traditional architectural canons.

Projects show on the one hand that quality is not always for speculative interests, on the other hand that it is necessary to regain an ethical basis for architecture through the realization of some ideas which could have a deep respect of local, cultural and structural properties of places which are not known by traditional architecture. Their aim is to build an occasion for native populations to look ahead more consciously. Therefore Needs wants to point out the real "needs" of users but also the "need" to make structures which could satisfy them.

GAAF Association wants to highlight these realities and the poetry of these projects which can arrive to the heart of architecture lovers for their extraordinary simplicity and for their social potential where initial constraints become strength and opportunity for the variation of planning choices.

Seventeen works are presented. They have been built between Asia and Africa by twelve designers/associations where main purposes are the public ones: schools, after-school activities centres, libraries, orphanages, and also a storehouse.

A "different" way to do architecture, where there are various building materials, intervention contexts and constraints. It is different the balance between the functional/social/cultural component and the formal one.

Needs' projects show the work of professionals who use their passion and their talents to help the most disadvantaged areas in the world.

Through the involvement of local populations, listening to their needs, and few available resources it is possible to spread ideas and life perspectives using a working method, with the reinterpretation of local techniques and materials, which enables to build architectures that represent reference elements in the context and in the landscape.

GGAF
Gruppo Giovani Architetti Firenze

Questo libro rappresenta anche il catalogo della mostra itinerante "NEEDS-Architetture nei Paesi in via di sviluppo" inaugurata a Firenze nel Marzo 2011. Nel corso di questi due anni ha già avuto otto tappe in altrettante importanti città italiane: Ferrara, Bergamo, Cagliari, Selinunte, Ischia, San Vito dei Normanni, Cologno al Serio.

Questa iniziativa affronta il tema dell'architettura in alcuni paesi emergenti, evidenziandone, tramite una diversa lettura, le peculiarità di natura tecnica, sociale e culturale.
Obiettivo principale di questo volume è la presentazione di alcuni progetti frutto dell'opera di figure professionali diverse fra loro per provenienza, formazione ed esperienza, ma unite dalla passione per la continua ricerca di un' architettura in grado di mostrare ancora il lato semplice e vero del proprio essere, in un contesto diverso dai canoni tradizionali dell'agire architettonico.
I progetti raccolti dimostrano che la qualità non è sempre funzione di interessi speculativi, ma che si ha la necessità di ritrovare un fondamento etico dell'architettura attraverso la realizzazione di idee che tengono conto di un profondo rispetto delle proprietà locali, culturali e costruttive di luoghi poco frequentati dall'architettura tradizionale, con l'obiettivo di costituire un'occasione per quelle popolazioni di guardare al futuro in maniera più consapevole.
NEEDS vuole dunque porre l'attenzione sui reali "bisogni" degli utenti, ma anche sul "bisogno" di fare architetture che siano in grado di soddisfarli.
L'Associazione GGAF vuole mettere in evidenza queste realtà e la poesia di questi progetti capaci di arrivare al cuore di chi ama l'architettura per la loro straordinaria semplicità, per il loro potenziale sociale, in cui i vincoli iniziali diventano punti di forza e occasioni per la diversificazione delle scelte progettuali. Sono presentate diciassette opere realizzate tra Asia e Africa da dodici progettisti/associazioni dove le funzioni principali sono quelle pubbliche: scuole, centri doposcuola, biblioteche, orfanotrofi ma anche un magazzino.

Un modo "diverso" di fare architettura, in cui diversi sono i materiali utilizzati, i contesti di intervento, i vincoli e le difficoltà, ma soprattutto diverso è l'equilibrio tra la componente funzionale/sociale/culturale da un lato e quella formale dall'altro.
I progetti presenti in NEEDS fanno emergere il lavoro di professionisti che mettono la loro passione e i loro talenti a servizio di realtà più disagiate.
Attraverso il coinvolgimento delle popolazioni locali, confrontandosi con le loro esigenze e con le pochissime risorse a disposizione , è possibile trasmettere idee e prospettive di vita con l'utilizzo di un metodo di lavoro che, con la reinterpretazione di tecniche e materiali locali, permette di realizzare architetture che costituiscono elementi di riferimento nel contesto e nel paesaggio.

Luigi Prestinenza Puglisi
Architecture critic

The *Maxxi* of Rome, the magnificent museum of 20.000 square metres planned by Zaha Hadid and completed recently, has cost 150 millions of euro. That is to say 7.500 euro a square metre. Too much euro compared to the normal costs of construction of Roman buildings, but certainly a fortune for the developing countries. Although I think that the *Maxxi* had to be built because Rome needed a quality museum dedicated to the XXI Century Arts, I have to consider that with a fourth, or perhaps less, of its budget we could realize as many buildings as these ones presented in this volume, perhaps more.

It leads us to notice that we waste too much and badly. On the one hand we force technologies beyond every common sense, on the other hand we create inefficient groups of buildings which cause consumption of energy and need exorbitant maintenance costs.

Obviously all these bad habits cannot be exported to those geographic realities where resources are extremely limited. Where technology is not so advanced as to be able to compensate for planning errors. For instance, I think that some structures in Europe, in America or in Asia stand because they are full of iron, an option that in Africa cannot be even considered. I also think that totally transparent buildings imply expensive heating and conditioning systems to install and to make work.

Well, what can we do? As this book shows rightly, we have to move along four directions. The first one is the use of local materials and technologies, or at least of these techniques which can be important, low-cost and, above all, easily managed. If a building is designed to became a unique specimen, because we cannot repeat it afterwards, the operation is already a failure. So every construction site has to became a school for the next local workers, the starting point of a continuous improvement process of the habitat.

The second direction is to realize simple and durable buildings so that they can be easily restored to prevent, as years go by, the deterioration phenomenons which are typical of "western" constructions once built in poorer and cultural different contexts .

The third one is the zero stylistic degree. The value added of architecture is not in some signs more or less well-made but as the building faces, in a poetic dialogue, primary elements of the space: light, shadow, horizon and surrounding nature. The fourth dimension is ecological. It is not energy conservation but quality of life, intended to a more comprehensive view. A good building, as the best examples of this book show, does not concern only functional and economic standards, nor does it propose only a brilliant spatial order, but it shows the best way to organize life and existence in the near future. It is to substantialize a hope. In that way some of these works express clearly with their shapes a project of development of the community where they are placed. A project which does not impose from the top organizing models extraneous to the local culture, but at the same time it avoids to level out over existence.

Luigi Prestinenza Puglisi
Critico d'architettura

Il Maxxi a Roma, il magnifico museo di 20.000 metri quadrati ideato da Zaha Hadid e recentemente completato, è costato 150 milioni di euro. Vale a dire 7500 euro al metro quadrato. Troppi rispetto ai normali costi di costruzione romani. Ma certamente una enormità rispetto a quelli dei Paesi in via di sviluppo. E sebbene io creda che il Maxxi dovesse essere costruito perché Roma aveva bisogno di un museo di qualità dedicato alle arti del XXI secolo, non posso fare a meno di pensare che con un quarto o forse anche meno del suo budget si sarebbe potuto realizzare un numero di edifici pari se non superiore a quelli presentati in questo volume.

Ciò ci porta a osservare che noi consumiamo troppo e male. A volte forzando le tecnologie oltre ogni buon senso, a volte creando insiemi inefficienti che producono consumi energetici e richiedono costi di manutenzione eccessivi.

Tutte queste cattive abitudini ovviamente non possono essere esportate in quelle realtà geografiche dove le risorse sono estremamente limitate. E dove la tecnologia non è così avanzata da poter sopperire a errori progettuali. Penso per esempio al fatto che certe strutture in Europa, in America o in Asia si reggono perché sono imbottite di ferro, una opzione che in Africa non può neanche essere presa in considerazione. O al fatto che edifici completamente trasparenti presuppongono sistemi di condizionamento e di riscaldamento onerosi da impiantare e da far funzionare.

Cosa fare allora? Come bene mostra questo libro, occorre muoversi lungo quattro direzioni.

L'uso dei materiali e delle tecnologie locali. O almeno di quei procedimenti che possono essere importati a basso costo e soprattutto, facilmente gestiti. Se l'edificio è destinato a diventare un unicum, perché poi non lo si sa ripetere, l'operazione è già in partenza fallita.

In questo senso ogni cantiere deve diventare una scuola per le future maestranze locali, il punto di partenza di un processo di continuo miglioramento dell'habitat.

La seconda direzione è realizzare edifici semplici e durevoli tali da essere facilmente riparati, impedendo così che con il passare degli anni si manifestino quei fenomeni di degrado che sono tipici delle costruzioni "all'occidentale" una volta impiantate all'interno di contesti più poveri e culturalmente diversi.

La terza direzione è il grado zero stilistico. Il valore aggiunto dell'architettura non è da ricercarsi in qualche segno più o meno riuscito ma nel modo in cui l'edificio si confronta, in un dialogo poetico, con gli elementi primari dello spazio: con la luce, con l'ombra con l'orizzonte, con la natura circostante.

La quarta dimensione è ecologica. Non nel senso del risparmio energetico ma della qualità di vita, intesa nel senso più complessivo. Un buon edificio, come dimostrano i migliori esempi di questo volume, non risponde solo a standard funzionali ed economici, né propone solo un brillante assetto spaziale, ma indica un modo migliore di organizzare la vita e l'esistenza nel prossimo futuro. E' il sostanziarsi di una speranza. In tale senso alcuni di questi lavori esplicitano con le loro forme un progetto di sviluppo della comunità nel quale si collocano. Un progetto che non impone dall'alto modelli organizzativi estranei alla cultura locale, ma che allo stesso tempo evita di appiattirsi sull'esistente.

Progetti / Projects

Promoter: Vento di Terra ONG
Project: ARCò – Architettura e Cooperazione, MCArchitects
Construction manager: ARCò – Architettura e Cooperazione
Energy concept: MCArchitects
Herbal purification system: Mauro Lajo - Artecambiente
Photovoltaic system: Dr. Mohammed Salem-Brothers
Engineering Group
Supervision of photovoltaic system: Marco Peduzzi – Rete
Solare per l'Autocostruzione
Structures: Paolo Bacci – E Plus Studio (www.e-plus.it)
Budget: 180.000 euro
Date: Maggio-Dicembre 2011
Date: © Archivio Arcò, © Andrea&Magda Photographers
www.andrea-magda.com

www.ar-co.org / www.mcarchitects.it

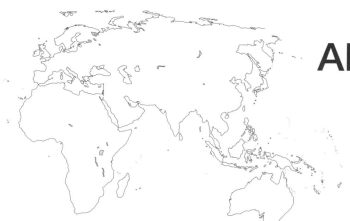

ARCò - MCArchitects

Centro per l'infanzia / Center for children

Um al Nasser, Gaza strip

La volontà di costruire il centro per l'infanzia "La Terra dei bambini" di Um al Nasser (Striscia di Gaza) si sviluppa nel 2011 rispondendo ad una richiesta di aiuto della comunità beduina accolta dall'ONG italiana Vento di Terra. L'obiettivo era garantire l'accesso a servizi educativi e sanitari di qualità ai bambini beduini in età prescolare ed alle donne beduine del villaggio. Il gruppo Arcò progetta un edificio con lo studio MCA Mario Cucinella Architects, seguendo quell'idea di sostenibilità già sperimentata nella scuola di gomme e in quella di bambù: i principi fondanti sono quelli passivi, in questo caso uno spesso muro di sacchi di terra, costruito insieme alla comunità, che definisce la massa termica, sormontato da un doppio tetto, che grazie alla ventilazione naturale garantisce ottimo isolamento termico.

Parte dell'edificio viene realizzata in autocostruzione, insieme alla comunità locale che ha acquisito anche competenze tecniche innovative partecipando alla realizzazione di un impianto fotovoltaico e di un sistema di fitodepurazione. Uno degli obiettivi del progetto mira a recuperare e promuovere l'identità legata alla "Civiltà della tenda". Una società di tradizione antichissima nella quale la donna possedeva un ruolo centrale, in qualità di detentrice dei saperi indispensabili per la sopravvivenza. La tenda viene sostituita da un'ampia copertura che, ripiegando su se stessa, richiama le diverse inclinazioni dei teli. Le linee orizzontali dei tipici tessuti beduini vengono riletti attraverso brise soleil in legno che permettono un controllo dell'irraggiamento solare. La terra sulla quale si muovevano i nomadi diventa muro, che protegge l'interno e definisce lo spazio intimo della struttura. Piegandosi il muro definisce gli ingressi, quello principale e quello secondario, per la "fuga", ma anche per l'accesso diretto all'ambulatorio e al centro donne. L'asilo "cresce dal deserto": le pareti isolanti che circondano le aule e il cortile centrale sono realizzati con sacchi riempiti di terra. Si tratta della tecnica degli earth-bag, proposta per la prima volta da Nader Kalili negli anni '80. Il muro della scuola diventa quindi il muro di confine, l'elemento di protezione ma anche definizione dello spazio. Il muro di sacchi di terra, infatti, che normalmente viene usato su forme circolari e autoportanti, deve adattarsi a geometrie lineari, e per farlo si piega, dividendo lo spazio con contrafforti strutturali che diventano il ritmo divisorio delle aule e degli spazi esterni.

The needs to build the children's center "children's land" of Um al Nasser (Gaza Strip) is developed in 2011 in response to a request for help from the Bedouin community welcomed by the Italian NGO Vento di Terra. The Aim was to ensure access to quality health and educational services to children in preschool and the Bedouin women of the Bedouin village. The ARCò Group designs a building with MCA Mario Cucinella Architects, following the idea of sustainability that has already been used in the school of tires and bamboo. The underlying principles are the ones of a passive building; in this case a thick wall of sandbags, built with the community, which defines the thermal mass, surmounted by a double roof, thanks to natural ventilation ensures good thermal insulation.

Part of the building is made of self-construction, together with the local community which has also acquired expertise by participating in the innovative development of a photovoltaic system and a system of phytodepuration. One of the objectives of the project is to restore and promote the identity linked to the "Civilization of the tent." A society of ancient tradition in which women had a central role, as the holder of the knowledge essential for survival. The tent is replaced by a broad coverage, folding in on itself, recalls the propensities of different lengths. The horizontal lines of the typical Bedouin fabrics and carpets are reinterpreted through wooden brise soleil that stop the sunlight intensity. The land, on which the nomads moved, becomes wall which protects the inside and defines the intimate space of the structure. The bent wall defines the entrances, the main and secondary, to "escape", but also for a direct access to the clinic and in the women center. The children's center "grows out of the desert": the insulating walls that surround the central courtyard and the classrooms are made of begs filled with soil. This is the technique of earth-bag, used for the first time from Nader Kalili in the 80s. The wall of the school becomes the boundary wall, the protection element but also the definition of space. The wall of sandbags, in fact, which is normally used on circular shapes and self-supporting, in this case must be adapted to linear geometries, and to succeed in this it bends, dividing the space with structural buttresses which become the rhythm of the partition classrooms and external spaces .

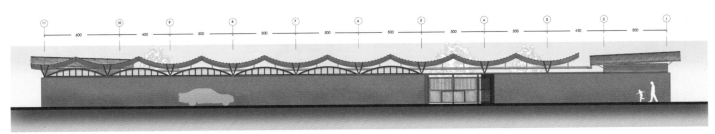

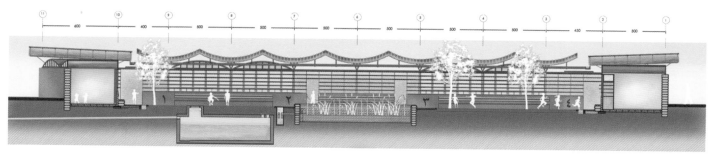

Project: Mario Cutuli, 2A+P/A (Gianfranco Bombaci,
Matteo Costanzo); IaN+ (Carmelo Baglivo, Luca Galofaro,
Stefania Manna); ma0/emmeazero (M.Ciuffini, K.Di Tardo,
A.Iacovoni, L.La Torre)
Structures: Studio Croci Associati
Client: Fondazione Maria Grazia Cutuli
Construction manager: Ing. Ali Reza Taheri
Project officer: PRT di Herat
Botanic consultant: Ong GVC Dott. Luigi Politani
Developer: Behsazan Sharq Building & Construction Co.
Budget: 150.000 Euro
Date: 2010-2011
Sponsors: Colorificio San Marco di Venezia, Ance Catania
Photo: © Gerald Bruneau, Giovanna Silva, Antonio Ottomanelli

www.2ap.it - www.ianplus.it - www.ma0.it
www.fondazionecutuli.it

Mario Cutuli, 2A+P/A, IaN+,ma0

Vergognoso!!

Scuola / School

Kush Rod, Injil district
Herat, Afghanistan

Nel 2001 Maria Grazia Cutuli, giornalista corrispondente del corriere della sera , è stata uccisa da un gruppo di uomini armati in Afghanistan. Dopo la tragedia, la famiglia apre una fondazione a suo nome, che ha come obiettivi primi il supporto e il sostegno dei programmi educativi e sociali per bambini e donne nei paesi devastati dalle guerre e calamità naturali, in particolare in Afghanistan. La bellezza del luogo descritta negli articoli di Maria Grazia, hanno dato le prime iniziali suggestioni per il concept del progetto. Uno dei aspetti fondanti è stata la ricerca di uno spazio educativo alternativo agli esempi esistenti dei casi di ricostruzioni postbellica, insieme all'importanza del progetto dello spazio esterno, come una "classe giardino" e l'applicazione degli materiali e delle tecnologie locali. La scuola si trova in un paesaggio asciutto, caratterizzato dal colore bruno della terra . Poche le costruzioni che emergono dal questo piatto e arido territorio.

La prima sfida è stata l'individuazione di un layout capace di incontrare le necessità funzionali e rappresentare spazi evocativi. Dopo diversi incontri e molti schizzi e prove plastiche, il gruppo di lavoro ha scelto una composizione architettonica articolata : una serie di scatole comunicanti che contengono le classi e i corridoi di collegamento. L'unico volume a due piani rimane la biblioteca che diventa un segno simbolico per il villaggio. Le pareti perimetrali , necessarie per motivi di sicurezza, definiscono insieme alle scatole una sequenza articolata di vuoti e pieni.

Gli spazi esterni e interni contribuiscono a definire l'ambiente scolastico; oltre alle classi, esistono piccoli e intime spazi dove i bambini possano giocare e fare ricreazione all'ombra di 50 alberi; la corte centrale definita dall'edificio , rimane lo spazio relazionale del progetto. All'interno dell'area scolastica, protetta dalle mura, un giardino di vegetazione varia è estensione delle classi. La struttura dell'edificio è in cemento armato, chiusa da mattoni. Sulle facciate e su i muri perimetrali è stato usato intonaco blu di diverse sfumature. Il blu è molto usato in Afghanistan e l'intento del progetto è creare un landmark visibile dal circondario, anche a distanza.

In 2001 Maria Grazia Cutuli, a prominent Italian journalist correspondent for the Milan-based daily Corriere della Sera, was murdered by a group of gunmen who ambushed her convoy in Afghanistan. After this tragic event, her family established the Maria Grazia Cutuli Foundation that aims to support programs on the fields of education and social promotion, for children and women, in those countries devastated by war or natural calamities, especially in Afghanistan. The beauty of the landscape, described in Maria Grazia's articles, gave us initial suggestions for developing the concept. The research for an innovative educational space as an alternative to those models related to the after-war reconstruction emergencies has been one of the key points of the project as well as the design of the outside space as a 'green classroom' and the attempt to use local technologies and construction materials mainly. The school stands on a dry landscape characterized by the brown colour of the soil. Few constructions come out from this flat and dusty territory. The first challenge has been the research of a layout able to match functional needs and evocative spaces. After several meetings supported by lots of sketches and study models, the workgroup chose an articulated layout: a series of linked boxes containing both the classrooms and the connection corridors. The only two-floors volume is the library that acts as a symbolic landmark for the village. The border walls, which were required for security reasons, define, together with the boxes, a complex sequence of voids and volumes. Both external and internal spaces contribute in the definition of the educational environment. Among the classrooms there are small and intimate outdoor spaces where kids can stay, play and relax under the shadow of about fifty trees. The main courtyard, embraced by the building represents the most relational space of the school. Inside the school area and protected by the walls, there are also different vegetable gardens as a natural extension of the classrooms. The structure of the building is a reinforced concrete frame, closed by solid bricks. All the façades and the border walls will be painted using different tones of blue. This colour is usually used in Afghanistan and the aim of the project is to create a blue landmark visible from the surroundings.

Belle parole, progetto grottesco

Project: ARCò-Architettura e Cooperazione
Promoter: Vento di terra Onlus
Local partner: Jerusalem Bedouin Committee Anata
Date: 2010-2011
Sponsors: MCA Mario Cucinella Architects; CEI -Conferenza Episcopale Italiana; Comuni di: Bresso (MI), Cesano Boscone (MI), Corsico (MI), Pavia, Pescara, Rozzano (MI); Ass.Art Kitchen; Ass. Culturale Namastè, Nazca Coop, Rabbis for Human Rights, Sisters of Bethany–Jerusalem, Pax Christi.
Budget: 100.000 Euro
Photo: © Archivio Arcò, © Andrea&Magda Photographers
www.andrea-magda.com

www.ar-co.org

ARCò

Scuola / School

Jahalin Bedouin village of Wadi Abu Hindi
Al Azarije area East Jerusalem

Contesto Socio Territoriale

La comunità beduina di Abu Hindi è composta da due campi principali a sud di Gerusalemme Est in Cisgiordania, cui fanno capo piccoli gruppi isolati, per un totale di 2.700 persone. Abu Hindi si trova a sud della colonia israeliana Maale Adumim, in una zona semi desertica che giace sulle pendici di un torrente stagionale. Sul lato sud confina con la colonia di Qedar, particolarmente ostile alla presenza delle comunità beduine dall'area.Il campo sorge a valle della maggiore discarica della zona, utilizzata sia dalla Municipalità di Gerusalemme, sia dalla colonia israeliana limitrofa. L'esistenza di una pozza di liquami a cielo aperto, posta a ridosso dell'alveo torrentizio, in estate, genera miasmi che discendono verso il villaggio, rendendo l'aria irrespirabile. Le sostanze tossiche entrano anche nel ciclo alimentare, in particolare dei bimbi, tramite il latte degli ovini, che pascolano sui versanti delle colline vicine.

Progetto Architettonico

Il progetto della "Scuola Nel Deserto" si è dovuto confrontare con vincoli imposti dall'autorità militare israeliana che stabiliscono il mantenimento dello status quo, vietando ogni tipo di variazione e ampliamento dell'edificio scolastico preesistente. Questo si presentava totalmente inadeguato sia alla funzione sia alle condizioni climatiche del luogo. Le scelte tecniche e architettoniche hanno l'obiettivo di adeguare la vecchia struttura attraverso tecniche e soluzioni che rendano l'edificio climaticamente confortevole, ed energicamente sostenibile. Per questo si è intervenuti su due aspetti fondamentali, la ventilazione naturale e l'isolamento dell'edificio, prevedendo in una seconda fase un sistema di raccolta dell'acqua piovana e l'installazione di pannelli fotovoltaici, a sostituzione del generatore a gasolio attualmente in uso. Il tema della ventilazione è stato trattato sollevando e inclinando il tetto in modo da realizzare un efficiente sistema per la circolazione dell'aria.
Il tema dell'isolamento delle pareti esterne è stato trattato interpretando e adattando alle esigenze del luogo la tecnica del "pisè". Si tratta di una tecnica che consente di realizzare murature continue compattando, strato dopo strato, terra umida mischiata a paglia

Social and territorial context

Abu Hindi Bedouin community is composed by two main camps in the South of Jerusalem, West Bank, and several isolated groups, for a total of 2.700 people. Abu Hindi is South of Israeli colony called Maale Adumim, in a semi-desertic region, next to a seasonal creek bed. On the southern side of Abu Hindi there is Qedar colony, which is hostile to all Bedouin communities in the area.
The camp is downstream of the biggest dumping ground in the area, which is used both by Jerusalem city and Israeli colony. A slurry pool, right close to the creek bed, during summer, causes miasmas going towards the village and making air unbreathable. Toxic substances enter the food chain of local inhabitants and particularly of children, through sheeps'milk, as sheeps eat grass in the hills around.

Architectural Project

The "Desert school" project faces particular restrictions imposed by the Israeli military authority, which state the maintenance of the existing situation and the impossibility of volumetric reshaping for the existing school building. This one didn't fit its function nor could answer in a correct way to the local climatic conditions.
Technical and architectural decisions, taken by ARCò team, have the purpose of retrofitting the existing building and transforming it in a new one, which is climatically comfortable and energetically sustainable. That's why we worked on two main themes, which are natural ventilation and thermal insulation, thinking to a second project step with a rainwater collecting system and a photovoltaic plant, to substitute the actual gas oil generator.Natural ventilation was created by raising and tilting the roof, thus realizing an efficient air circulation system. Thermal insulation of the external walls was realized by adapting the "pisé" technique to local needs. It's a technique in which continuous walls are built by laying and stamping layers of humid soil and straw between wooden boards, which are used as quarterdecks. The final result in the school is a wall 34 cm thick, including lime plastering, bamboo panels as quarterdecks, soil and straw layer, existing external metal sheet, air cav-

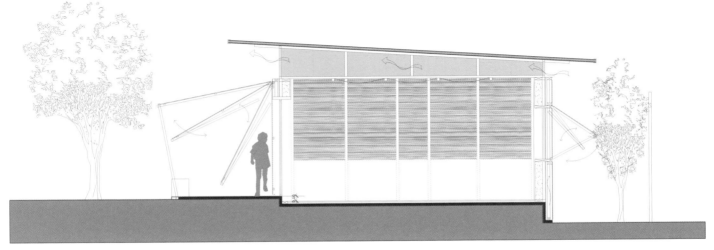

versata tra assi parallele che fungono da casseri. Il risultato finale è rappresentato da un muro multistrato di 34 cm di spessore, comprendente intonaco in calce, cannucciato di bambù che contiene la spinta dell'argilla mista paglia, lo strato in argilla e paglia, l'esistente lastra di alluminio zincato, un'intercapedine d'aria e un pannello schermante esterno in bambù. Inoltre l'isolamento è stato incrementato dal posizionamento di una pavimentazione in legno. La coibentazione acustica delle pareti interne è ottenuta mediante la posa di nuovi muri di separazione tra le aule. Alla lamiera sono stati sostituiti mattoni di terra cruda, prodotti artigianalmente nella Valle del Giordano, rivestiti di un intonaco di calce bianca.

ity and a final external shading bamboo panel. Thermal insulation was improved by placing a new wooden pavement, too. Acoustic insulation for the internal walls was realized by building new walls between the existing classrooms. The existing metal sheet was substituted with stabilised soil bricks, produced by local artisans in the Jordan Valley, finally covered with a white lime plastering.

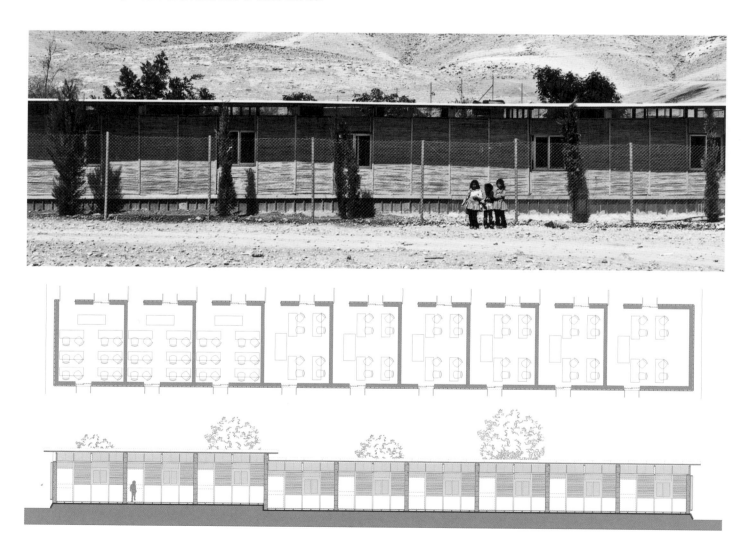

Project: Andreas Grøntvedt Gjertsen , Yashar Hanstad
Client: Safe Haven Orphanage
Budget: 3.800 USD
Date: 12-29 January 2009
Photo: © Pasi Aalto

www.tyintegnestue.no

TYIN tegnestue

Bagni pubblici e lavanderia / Safe Haven Bathhouse

Ban Tha Song Yang, Thailand

Il nuovo bagno soddisfa esigenze di base quali toilette, igiene personale e lavanderia. Una struttura semplice era già stata costruita ed è stata utilizzata come base per il nuovo progetto. Le funzioni più riservate sono dislocate nelle due aree separate realizzate in blocchi di cemento intonacati. Nell'area centrale c'è uno spazio bagno che si apre verso la vasta piantagione di teak. Quest'area è solo parzialmente privata, adatta alla cultura Karen. Una facciata inclinata in bambù copre il prospetto dell'edificio e crea un passaggio, che lega le diverse funzioni.

Una grande sfida in questo progetto è stato occuparsi del sistema di raccolta delle acque reflue e del drenaggio, realizzati sul sito durante la stagione delle piogge. I rifiuti provenienti dalle toilette passano attraverso dei tubi in cisterne di raccolta drenate dal fondo e dai lati. La ghiaia e i pavimenti in legno sono facili da tenere puliti e asciutti, e tutte le stanze umide sono drenate attraverso strati di pietra e ghiaia.

I bagni già esistenti al Safe Haven Orphanage, come in tutto il distretto, sono piccoli e scuri e realizzati con una pavimentazione in cemento che accumula acqua e sporcizia. Con questa realizzazione è stata proposta una soluzione alternativa sperando che possa essere utile per lo sviluppo futuro del distretto.

Nel contesto climatico tailandese l'igiene personale è importante per la prevenzione delle malattie, in particolar modo per i bambini. Con questo progetto TYIN ha voluto creare una struttura soddisfacente e dignitosa per l'igiene personale.

The new bathhouse covers basic needs like toilets, personal hygiene and laundry. A simple structure was already built and became the framework for the project.

The most intimate functions are located in the two separate parts of concrete plaster-coated blocks. In the central area you find a space for bathing that gives onto the vast teak plantation. The bathing area is only partly private, right for Karen culture. A tilted façade of bamboo covers the front of the building and creates a passage, tying all the functions together.

A great challenge of this project has been dealing with sewage and drainage on-site during the rainy season. The waste from the toilets passes through pipes into buried concrete tanks that are drained from the bottom and the sides. Gravel and wooden floors are easy to keep clean and dry, and all wet rooms are drained by using layers of stone and gravel.

The existing sanitary facilities at Safe Haven Orphanage, as well in the whole of district, are narrow, dark and have concrete flooring that accumulates water and dirt. With this bathhouse we have tried to propose alternative solutions that hopefully will be an important asset in the future development of the district. In the climatic conditions of northern Thailand personal hygiene is essential to prevent diseases, especially for little children. With this bathhouse TYIN wanted to create a well functioning and dignified facility for personal hygiene.

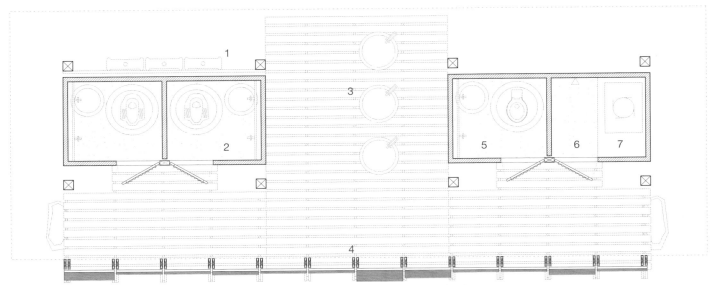

1. Orinatoi collegati a tubi di scarico separati / Urinals connected to separate drain pipe
2. Servizio igienico tradizionale con pavimenti in ghiaia / Traditional toilets with gravel floors
3. Lavabi di diversa altezza per tutte le età / Washbasins of different height for all ages
4. Facciata in bambù / Bamboo facade
5. Servizio igienico occidentale / Western toilet
6. Doccia / Shower
7. Lavatrice / Washing machine

Project: Pasi Aalto, Andreas Grøntvedt Gjertsen,
Yashar Hanstad, Magnus Henriksen, Erlend Bauck Sole
Collaborators: CASE Studio Architects
Client: Old Market Community
Budget: 4.500 USD
Date: March-May 2009
Photo: © Pasi Aalto

www.tyintegnestue.no

TYIN tegnestue

Biblioteca del vecchio mercato / Old market library

Min Buri, Bangkok, Thailand

La biblioteca dell'Old Market è stata realizzata all'interno di un edificio centenario. La sezione della biblioteca è di 3x9 metri, con una corte sul retro che si affaccia su un piccolo canale. Il tetto e le pareti erano in pessime condizioni ed era importante che gli elementi aggiunti nell'edificio fossero autoportanti e non condizionassero la struttura esistente. L'alto soffitto nella stanza principale ha permesso la realizzazione di un solaio che crea una situazione più intima e raccolta sia sopra che sotto. La biblioteca è divisa in due zone; da una parte l'area con i libri disposti a parete, dall'altra lo spazio dedicato alla lettura e ad altre attività.

Oltre la stanza principale c'è un piccolo spazio-studio. Un vecchio bagno nell'angolo è divenuto un'aiuola per un piccolo albero che crescerà negli anni. Nella corte retrostante è stato costruito un pergolato per proteggersi dal sole. Grossi vasi di ceramica ospitano gelsomino e piante rampicanti.

Una delle principali criticità si presenta annualmente durante la stagione delle piogge. In questo periodo l'acqua può raggiungere i 50 cm sopra il livello del pavimento. L'unica soluzione era alzare il livello della biblioteca in modo tale da rendere fruibili gli spazi durante la stagione piovosa. Pareti in cemento e collegamenti ventilati prevengono l'umidità e il decomporsi della struttura in legno.

Un importante criterio di progettazione è stato l'uso di materiali locali e riciclati. Gli scaffali sono scatole di legno provenienti da uno dei primi progetti di CASE mentre il rivestimento è composto dall'unione di pezzi di legno reperiti nella zona. I materiali costruttivi dovevano avere requisiti di qualità più alti e furono comprati ad un negozio di legno di seconda mano locale. L'Old Market di Min Buri era una volta un centro commerciale, ma un incendio alla fine degli anni novanta costrinse le attività a spostarsi lungo il canale.

Negli ultimi anni la comunità si è trasformata da un centro "vivace" in uno slum. I diritti di proprietà sono poco definiti e anche a causa di ciò gli abitanti sono restii ad investire nella riqualificazione. Le persone della comunità dell'Old Market appartengono ad un ampio gruppo chiamato Urban Poor. Urban Poor è un termine utilizzato per indicare coloro che non godono della sicurezza dei loro diritti e hanno limitato accesso a servizi come salute, acqua, igiene,

The Old Market Library is built in a 100 years old market building. The section for the library is 3x9 meter, with a back yard facing a small canal. The roof and walls were in poor condition and it was important that new elements in the building supported themselves, without attaching to the old structures.

The high ceiling in the main room permitted the construction of a loft that creates a more intimate situation both below and above it. The library is divided into two areas along its length; one side lets you pass through the building along the book wall, while the other is for reading and other leisure activities. Beyond the main room there is a smaller space, the study. An old toilet in the corner serves as a bed for a small tree, that hopefully will have good fertilization in the years to come. In the back yard a pergola is constructed to protect against the blazing sun. Jasmine and climbing plants are placed in some large ceramic pots. One of the main challenges for the community is the annual flooding during the rainy season. In this period the water can rise 50 cm above floor level. In order to retain the water and to make the library usable throughout the flooded periods the solution was to elevate it from the floor level. Concrete sidewalls and aired connections prevents humidity and rot in the wooden constructions.

A very important principle in this project is the use of local and re-used materials. The bookshelves are made of wooden boxes from one of CASEs earlier projects, while the cladding is put together using old and decayed wooden pieces, found in the immediate surroundings. The constructive materials had higher quality requirements and were bought at a local secondhand wood shop.

The Min Buri Old Market Community was once a shopping centre for the area, but a fire in the late nineties compelled the market activities to go along the canal. In recent years the community has diminished from a lively area into a slum one. The rights of ownership are uncertain and partly because of this the inhabitants are reluctant to invest in their houses. The people of The Old Market Community belong to a large group called Urban Poor. Urban Poor is a term used to describe those people who do not enjoy security of tenure and have limited access to services like health, water,

alloggio, istruzione, e/o lavoro. Anche se molte persone di Min Buri hanno un reddito, fanno fatica a sostenere il costo della vita nelle aree urbane. Gli Urban Poor, in aree come Min Buri, sono persone tagliate fuori dai sistemi di supporto sociali e umanitari. Per TYIN è importante non solo l'edificio della biblioteca ma anche il fatto che gli sforzi fatti avranno effetti su una scala più grande.

"Attraverso l'uso di materiali locali e poco costosi abbiamo tentato di mostrare che gli abitanti della comunità possono fare anche da soli, di loro iniziativa, usando le loro proprie risorse. Lo scopo del progetto della biblioteca è di creare un senso di appartenenza al quartiere, contribuendo allo sviluppo dell'area, coinvolgere gli abitanti nell'arco dell'intero processo. Inizialmente abbiamo cercato di comprendere le necessità delle persone, attraverso incontri regolari. Gli argomenti degli incontri variavano da discussioni sui disegni e modelli degli edifici alle tecniche per la pulizia dell'area di gioco.
A parte conoscere le persone volevamo creare una certa consapevolezza circa le loro speranze e possibilità. Come parte integrante dell'indagine abbiamo intervistato più persone per comprendere la loro visione della comunità, il loro passato, presente e futuro con l'obiettivo di capire più a fondo la loro situazione.
Non è stato sempre facile trovare persone che si facessero coinvolgere; specialmente con le persone adulte e' stato difficile almeno fino a quando il progetto non e' divenuto più tangibile. Poco dopo l'inizio dei lavori si è creato un gruppo di persone che ci aiutava regolarmente tutti i giorni. In questo modo si è creato un senso di vicinanza e attaccamento alla biblioteca, la premessa del funzionamento a lungo termine."

sanitation, housing, education, and/or employment. Even though many of the people in Min Buri have an income, they are suffering from the high cost of living in urban areas as the demands of an accommodation are higher as the density grows. The Urban Poors, in areas like Min Buri, constitue a group of people excluded from the social and humanitarian support systems. For TYIN it is not only the building of a library the important thing, but also that the efforts made will affect the bigger scale.

"Through the use of local, inexpensive materials we have tried to show that this is something the inhabitants of the community can do by their own initiative, using their own resources. The aim of the library project is to strenghten the passion in the neighbourhood that eventually can contribute to a positive development in the area, to involve the inhabitants actively throughout the whole process. Initially we mapped the needs in the community by holding regular meetings. The meetings ranged from drawing and building models to clear garbage out of the playground.
Aside from getting to know the people we wanted to create an awareness around the wishes and challenges in the community. As part of a survey we interviewed people in the area to learn about their views on the community, its past, present and future. Through this we got a deeper understanding of the situation the people here live in.
It was not always easy to get everyone involved, especially with the adults, it proved difficult in the beginning, but when the project became more tangible and real, everything changed. When the construction got started we soon had a regular group that worked with us every day. Through this process they got a personal attachment to the library, the condition for the library to function in the long term."

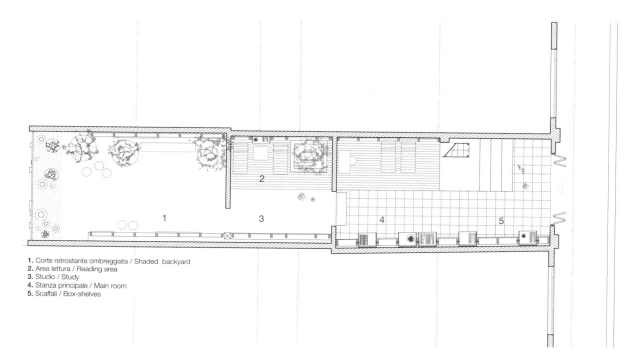

1. Corte retrostante ombreggiata / Shaded backyard
2. Area lettura / Reading area
3. Studio / Study
4. Stanza principale / Main room
5. Scaffali / Box-shelves

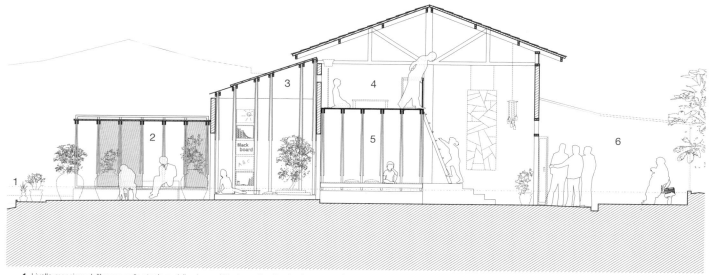

1. Livello massimo dell'acqua nella stagione delle piogge / Maximum flooding level
2. Rampicanti piantati in grossi vasi di ceramica / Climbing vines planted in old ceramic pots
3. Lucernario / Skylight
4. Soppalco / Loft
5. Spazio rialzato per la lettura / Raised reading area
6. Percorso principale / Main pathway

Students project: Pasi Aalto, Jan Kristian Borgen, Mari Folven, Ragnhild Førde, Sunniva Vold Huus, Olav Fåsetbru Kildal, Lene M. N. Kværness, Oda Moen Møst, Ørjan Nyheim, Karoline Salomonsen, Anne Sandnes, Ola Sendstad, Kristoffer B. Thørud, Caroline Tjernås, Anders Sellevold Aaseth
Professors project: Hans Skotte, Sami Rintala
Client: Safe Haven Orphanage
Budget: 4.900 USD
Date: 12-29 January 2009
Photo: © Pasi Aalto
Sponsors: Norsk Betongforening, Bygg uten grenser, Minera Norge,Spenncon, Norwegian University of Technology and Science, NTNU

www.tyintegnestue.no

TYIN tegnestue

Biblioteca / Safe Haven Library

Ban Tha Song Yang, Thailand

Nel gennaio 2009 il gruppo di progettazione TYIN ha invitato 15 studenti di architettura della NTNU (Norwegian University of Technology and Science) a partecipare ad un workshop al Safe Haven Orphanage. Il workshop è stato tenuto dal Prof. Hans Skotte (Professore associato) e dall' Arch. Sami Rintala.
L'esigenza più immediata per l'orfanotrofio era una biblioteca e nuovi servizi igienici.
Il gruppo TYIN ha lavorato sui servizi igienici insieme ai lavoratori Karen provenienti da Noh Bo, mentre i partecipanti al workshop hanno lavorato sulla biblioteca.
La base della biblioteca, in cemento, è gettata su un letto di pietre di grossa pezzatura, reperite in luogo.
I muri realizzati in blocchi di cemento intonacati raffrescano l'edificio durante il giorno, mentre la facciata in bambù consente una buona ventilazione. Acciaio e legno costituiscono la struttura portante e garantiscono una superficie confortevole per il gioco dei bambini.
Le mensole sono disposte lungo la parete a tutt'altezza; al contrario non sono stati previsti arredi nella stanza proprio per dare la possibilità di svolgere differenti attività. L'ingresso crea una zona filtro gradevole tra l'interno e l'esterno e divide il piano terra in un'area dedicata ai computer e un'altra, più ampia, dedicata ai libri.
In biblioteca, adesso, i bambini dell'orfanotrofio di Safe Haven hanno uno spazio per fare i compiti, per utilizzare il computer e collegarsi a internet, per leggere libri scritti in diverse lingue. Il nuovo edificio ha anche assunto il ruolo di luogo di incontro ed e' frequentemente utilizzato per gioco e arte.
E' importante che la NTNU, come istituto di formazione, partecipi a workshop del genere. Crea opportunità uniche per giovani e studenti qualificati per risolvere problemi veri e prendere decisioni con reali conseguenze.

In January 2009 TYIN invited 15 Norwegian architect students from NTNU to participate in a workshop at the Safe Haven Orphanage. The workshop was led by Associate Professor Hans Skotte and architect Sami Rintala. The most immediate needs at the orphanage were a library and new sanitary facilities. TYIN worked on a bathhouse, together with the Karen workers from Noh Bo, while the workshop participants put their efforts into the library construction. The concrete base of the library is cast on a bed of large rocks gathered on-site. Walls made of plaster-coated concrete blocks cool the building during the day, while the open bamboo façade gives a good ventilation. Iron and wood make up the solid frame construction and serve as comfortable floor for the children to play on.
The bookshelves run along the concrete walls in their full height, and the floor is left unfurnished to use room for different activities. The entrance acts as a comfortable buffer between outside and inside and divides the ground floor into a small computer area on one side and a larger library room on the other one. In the library the children at Safe Haven Orphanage now have a space to do their homework, use a computer with internet and read books written in different languages.
The new building has also attained the important role of a gathering space and it is frequently used for play and crafts.
It is very important that NTNU, as an educational institution, contributes to workshops like this. It creates a unique opportunity for young people and skilled students to solve real problems and make decisions with real consequences.

1. La pietra del sito è stata utilizzata per le fondazioni e le scale / Stone from the site is used for the foundations and stairs
2. Trincee riempite con ghiaia assicurano un sufficiente drenaggio durante la stagione delle piogge / Trenches filled with gravel ensure sufficient drainage during the rainy season
3. Area computer / Computer area
4. Ingresso / Entrance area
5. Lo spazio principale è aperto / Main room is open

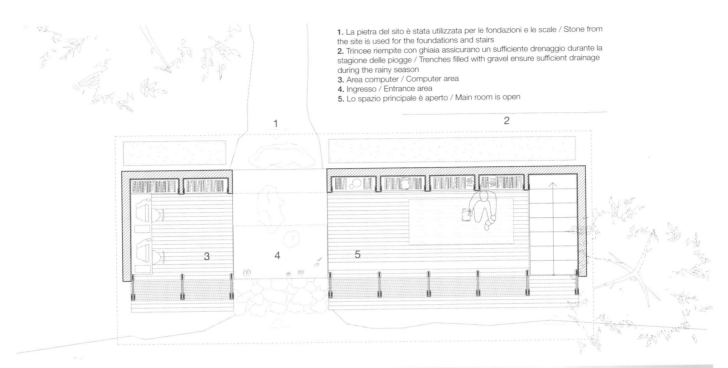

Project: Pasi Aalto, Andreas Grøntvedt Gjertsen,
Yashar Hanstad, Magnus Henriksen, Line Ramstad,
Erlend Bauck Sole
Collaborators: CASE Studio Architects
Client: Ole Jørgen Edna
Budget: 12.300 USD
Date: November 2008 - February 2009
Photo: © Pasi Aalto

www.tyintegnestue.no

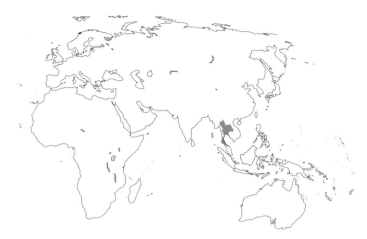

TYIN tegnestue

Orfanotrofio / Soe Ker Tie House

Noh Bo, Tak, Thailand

Nell'autunno del 2008 i TYIN sono partiti per Noh Bo, un piccolo villaggio sul confine tailandese-birmano, per progettare e costruire abitazioni per bambini rifugiati Karen. Il conflitto durato 60 anni in Birmania ha costretto centinaia di migliaia di persone a fuggire dalle loro case. Ha reso orfani molti bambini e lasciato loro poche speranze per il futuro. Alcuni mesi prima, da Levanger (Norvegia) ci siamo messi in contatto con Ole Jørgen Edna. Edna aveva creato un orfanotrofio in Noh Bo due anni prima (2006), ed aveva bisogno adesso di ulteriori dormitori. L'orfanotrofio sarebbe cresciuto passando da 24 a 50 bambini. Il progetto di Soe Ker Tie è stato ultimato nel febbraio 2009. L'obiettivo guida del progetto è stato quello di ricreare in qualche modo l'ambiente che questi bambini avrebbero vissuto in una situazione più normale. Volevamo che ogni bambino avesse il proprio spazio, una casa per vivere ed un quartiere dove poter interagire e giocare. Queste sei unità riposo sono la nostra risposta a questo. Per il loro aspetto esteriore gli edifici furono chiamati dai lavoratori Karen Soe Ker Tie Hias: Case Farfalla
La tecnica di tessitura del bambù sul lato e sulle facciate è la stessa usata nelle case e nell'artigianato locale. La maggior parte del bambù è raccolto sul posto, nel raggio di alcuni chilometri.
La particolare forma del tetto consente la ventilazione naturale e la raccolta delle acque piovane.
Ciò rende lo spazio intorno all'edificio più fruibile durante la stagione piovosa dando ai bambini maggiori possibilità per il gioco e la vita sociale. La costruzione in ferro e legno è prefabbricata ed assemblata sul posto attraverso bulloni per assicurare ragionevole forza e precisione. Rialzando gli edifici da terra, attraverso quattro fondazioni gettate in vecchi pneumatici, sono stati risolti i problemi legati all'umidità e al degrado della struttura.

"Dopo uno scambio culturale durato sei mesi con le persone del luogo speriamo di aver lasciato qualcosa di utile e di aver allo stesso tempo vissuto un'esperienza importante per i nostri progetti futuri. Importanti principi come la controventatura, l'economia nell'uso dei materiali e la prevenzione dell'umidità possono con il tempo condurre ad una tradizione costruttiva sempre più sostenibile."

In the fall of 2008 TYIN travelled to Noh Bo, a small village on the Thai-Burmese border to design and build houses for Karen refugee children. The 60 year long conflict in Burma has forced several hundred thousand people to flee from their homes. The conflict left many children orphaned, with little hope for the future.
A few months earlier we got in touch with Ole Jørgen Edna from Levanger, Norway. Edna had started an orphanage in Noh Bo in 2006 and it was now in need of more dormitories. From sheltering 24 children, the orphanage would have grown to house almost 50. Soe Ker Tie's project was finished in February 2009.
The main driving force behind the project was to somehow recreate what these children would have experienced in a more normal situation. We wanted every child to have their own private space, a home to live in and a neighbourhood where they could interact and play. These six sleeping units are our answer to this. Because of their appearance the buildings were named Soe Ker Tie Hias by the Karen-workers: the Butterfly house.
The bamboo weaving technique used on the side and back facades is the same used in local houses and crafts. Most of the bamboo is harvested within a few kilometers of the site. The special roof shape of the Soe Ker Tie Houses enables an effective, natural ventilation, and at the same time it collects the rain water. This makes the areas around the building more useful during the rainy season giving the kids better spaces for playing and social life.
The iron wood construction is prefabricated and assembled on-site, using bolts to ensure reasonable precision and strength. By raising the buildings from the ground, on four foundations cast in old tires, problems with moisture and rot in the construction have been prevented.

"After a six month long mutual learning process with the locals in Noh Bo we hope that we have left something useful behind and brought important experiences into our coming projects. Important principles like bracing, material economization and moisture prevention may possibly lead to an even more sustainable building tradition for the Karen-people in the future."

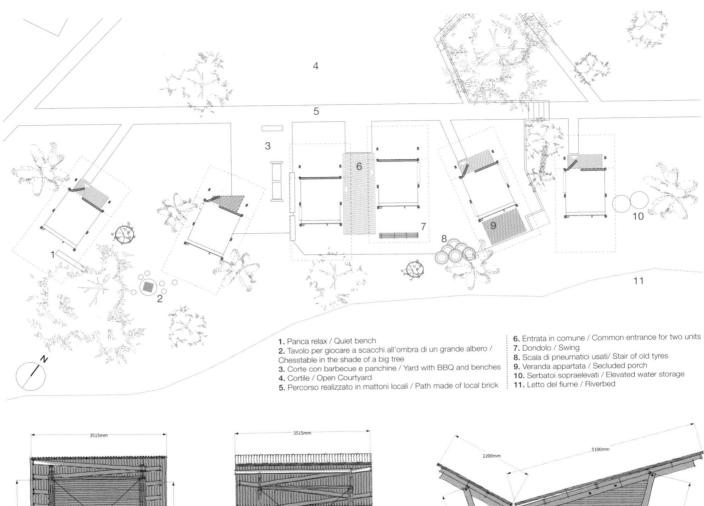

1. Panca relax / Quiet bench
2. Tavolo per giocare a scacchi all'ombra di un grande albero / Chesstable in the shade of a big tree
3. Corte con barbecue e panchine / Yard with BBQ and benches
4. Cortile / Open Courtyard
5. Percorso realizzato in mattoni locali / Path made of local brick
6. Entrata in comune / Common entrance for two units
7. Dondolo / Swing
8. Scala di pneumatici usati/ Stair of old tyres
9. Veranda appartata / Secluded porch
10. Serbatoi sopraelevati / Elevated water storage
11. Letto del fiume / Riverbed

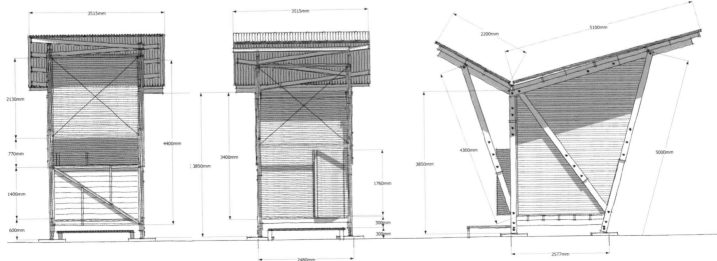

Project: Anna Heringer
Structures: Stefan Neumann
Supervision: Stefan Neumann, Montu Ram Saw,
Anna Heringer, Shoeb Al Rahe
Advisors: Martin Rauch (earthen structures),
Oskar Pankratz (energy concept), Jakob Schaub (solar
installations)
Client: Dipshikha (Non-formal Education Training and
Research Society for Village Development), Bangladesh for
DESI (Dipshikha Electrical Skill Improvement)
Budget: 35.000 Euro
Date: Settembre 2007 – Aprile 2008
Photo: © Kurt Hoerbst, Alexandra Grill, Naquib Hossain,
Mr B.K.S. Inan, Team Rudrapur
Sponsors: Partnerschaft Shanti – Bangladesh e.V.
(Germany) and Omicron (Austria)

www.anna-heringer.com

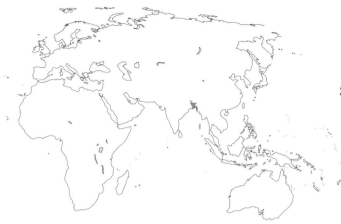

Anna Heringer

Scuola professionale per elettricisti / DESI Building

Rudrapur, Dinajpur district, Bangladesh

Contesto

Nel Bangladesh rurale, gli edifici dedicati all'istruzione – in gran parte sponsorizzati da governi o donatori stranieri – rappresentano spesso avanzati modelli di costruzione all'interno di un ambiente tradizionale.

In generale le condizioni di vita delle famiglie povere in Bangladesh riescono ad essere sostenibili. E' il passaggio dallo status di famiglia a basso reddito a quello di classe media che è spesso causa di un importante cambiamento di rotta. Con l'aumentare del reddito, gli stili di vita iniziano a trasformarsi e si va dalla produzione in proprio e dall'auto-sostentamento al consumo. L'Istituto DESI è una nuova interpretazione della fattoria tradizionale bengalese. In genere, nelle zone rurali del Bangladesh tutte le varie funzioni domestiche - mangiare, dormire, lavarsi, ecc – si svolgono in strutture separate costruite attorno ad un cortile centrale. Nonostante i tentativi di integrare tutte le funzioni domestiche e lavorative in una struttura unica, la progettazione è orientata verso uno stile di vita non più legato all'agricoltura, ma comunque ancora influenzato dalla cultura e dal contesto rurali.

DESI – Building

Il DESI (Dipshikha Electrical Skill Improvement) è una scuola professionale per la formazione di tecnici elettricisti. L'edificio ospita due aule, due uffici, e due residenze per gli istruttori della scuola. C'è un bagno diviso in due parti, con due docce e due servizi igienici per gli insegnanti e wc e lavelli a piano terra per gli studenti. Due verande spaziose come aule - una al piano terra come aula all'aperto, per un laboratorio pratico e un'altra al primo piano, più intima e privata, per la lettura, il relax, il dialogo e per fare i compiti. Il fabbisogno energetico totale dell'edificio è prodotto da pannelli solari. Questa è la prima volta che in Bangladesh le unità sanitarie si costruiscono in terra, dimostrando che fango e bambù sono sufficientemente flessibili per soddisfare le esigenze di vita moderna. L'edificio è un perfetto equilibrio tra high tech e low tech - metodi di costruzione di base si combinano con moderni sistemi alternativi di alimentazione energetica.

Background

In rural Bangladesh educational buildings – mostly sponsored from either government or foreign donors – are often models of advanced building within a traditional environment. In general the living conditions of poor families in Bangladesh are traditionally sustainable. It's the step from low-income status to middle-class that is often causing a major shift in direction. With higher income values and living styles begin to change - from own production and self-sufficiency towards consumption.

The DESI building is a new interpretation of the traditional Bangladeshi homestead. Typically in rural Bangladesh all of the various household functions - eating, sleeping, washing, etc. - are performed in separate structures that are built around a central courtyard. The DESI building, however, attempts to incorporate all of the functions of working and living into a single structure, is geared toward a lifestyle that is no longer linked with agriculture, but still linked to the rural context and culture.

DESI – Building

DESI (Dipshikha Electrical Skill Improvement) is a vocational school for electrical training. The DESI building houses has two classrooms, two offices, and two residences for the school instructors. There is a separate bathroom with two showers and two toilets for the teachers and a bathroom facility with toilets and sinks on the ground floor for the students. Two spacious verandas as extended classrooms – one at the ground floor as outdoor- classroom for more practical work and another one on the first floor more private and intimate – for reading, relaxing, sharing, doing homework

Solar panels produce 100% of the building's energy needs. This is the first time that sanitary units have been built into earth houses in Bangladesh, proving that mud and bamboo are flexible enough to accommodate modern lifestyle requirements. The building is a perfect balance of high tech and low tech – very basic building methods and are combined with modern, alternative energy power systems. Because the building is passively heated and cooled and optimizes natural light and ventilation, the relatively small solar panel and bat-

Poiché l'edificio è riscaldato e raffreddato passivamente e ottimizza la luce naturale e la ventilazione, il pannello solare, pur avendo una piccola batteria, fornisce tutta l'energia che l'edificio richiede.
Gli impianti solari sono stati installati dagli studenti del DESI. Le installazioni di sistemi di energia solare sono infatti diventate una parte integrante del corso di studi.

tery system provides all of the power the building requires.
The solar installations were installed by the DESI students. The installations of solar energy systems has also became a fix part in the curriculum.

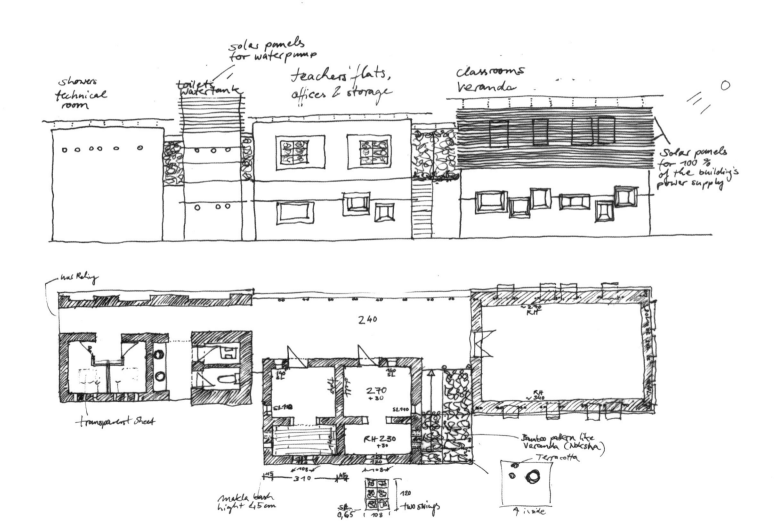

Concept and Design: Anna Heringer
Realisation: Anna Heringer Eike Roswag
Structural engineering, Earth construction consulting:
Ziegert Roswag Seiler Architekten Ingenieure
Bürogemeinschaft, Berlin
Dr.-Ing. Christof Ziegert, Dipl.-Ing. Uwe Seiler
Supervision design: Prof. Roland Gnaiger, Martin Rauch,
Peter Kugelstätter
**Consulting, building supervision and training of workers
in bamboo construction:** Emmanuel Heringer (basket
weaver and carpenter), Stefanie Haider (blacksmith)
Client: Dipshikha/METI (Modern Education and Training
Institute), Bangladesh in cooperation with Partnerschaft Shanti
– Bangladesh e.V. and the Papal Children's Mission (PMK)
Budget: 35.000 Euro
Date: September 2005-April 2006
Photo: © Kurt Hoerbst
Sponsors: Partnerschaft Shanti - Bangladesh e.V. and
Kindermissionswerk (Germany)

www.anna-heringer.com
www.zrs-berlin.de

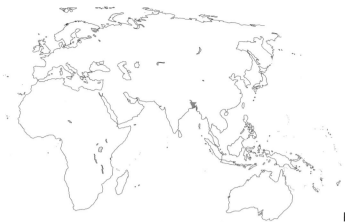

Anna Heringer
Eike Roswag

Istituto METI / Meti school

Rudrapur, Dinajpur district, Bangladesh

Contesto

La filosofia del METI (Istituto Moderno di Educazione e Formazione) è apprendere con gioia.

Gli insegnanti aiutano i bambini a sviluppare le proprie potenzialità e ad applicarle in modo creativo e responsabile.

Il METI mira a promuovere le capacità e gli interessi individuali tenendo conto delle diverse velocità di apprendimento degli scolari e dei tirocinanti in una forma libera e aperta di apprendimento. Esso offre un'alternativa al tipico approccio frontale delle lezioni. L'architettura della nuova scuola riflette questo principio e offre diversi tipi di spazi che favoriscono questo approccio di insegnamento e apprendimento.

Al piano terra, con i loro spessi muri di terra cruda, si trovano tre aule, ciascuna con un proprio accesso ad un sistema organico a forma di grotte, situato nella parte posteriore della classe.

La vista si estende attraverso le cime degli alberi e il laghetto del villaggio. Luci ed ombre fra le piante di bambù creano un gioco ottico molto suggestivo sul pavimento in terra, in contrasto con i colori del soffitto.

Tecniche costruttive

I mattoni sono il prodotto più comunemente usato nell'edilizia bengalese. Il Bangladesh non ha riserve naturali di pietra e in alternativa si sfrutta moltissimo la sabbia argillosa alluvionale, cotta in forni circolari da cui si ricavano mattoni.

Il piano terra è realizzato con pareti portanti, utilizzando una tecnica simile alla muratura in mattone crudo.

Si tratta di una miscela di paglia e terra con un basso contenuto di paglia, prodotta con l'aiuto di mucche e bufali indiani e poi disposta in cima al muro di fondazione per circa 65 cm a strato. Dopo un periodo di essiccazione di circa una settimana, lo strato successivo di muratura in mattone crudo può essere applicato.

Nel terzo e quarto strato sono stati integrati, porta, finestra, architravi e stipiti nonché un fascio di canne di bambù posto ad anello, come piastra per il soffitto. Il soffitto del piano terra è un triplo strato di canne di bambù, con lo strato centrale disposto perpendicolar-

Background

The philosophy of METI (Modern Education and Training Institute) is learning with joy.

The teachers help the children to develop their own potential and to use it in a creative and responsible way METI aims to promote individual abilities and interests taking into account the different learning speeds of the schoolchildren and trainees in a free and open form of learning. It offers an alternative to the typical frontal approach to lessons.

The architecture of the new school reflects this principle and provides different kinds of spaces and uses to support this approach to teaching and learning.

On the ground floor with its thick earth walls, three classrooms are located each with their own access opening to an organically shaped system of 'caves' to the rear of the classroom.

The view expands across the treetops and the village pond. Light and shadows from the bamboo strips play across the earth floor and contrast with the colourful materials of the saris on the ceiling.

Building construction and techniques

Bricks are the most common product of Bangladesh's building manufacturing industry.

Bangladesh has almost no natural reserves of stone and as an alternative the clayey alluvial sand is fired in open circular kilns into bricks.

The ground floor is realised as load-bearing walls using a technique similar to cob walling. A straw-earth mixture with a low straw content was manufactured with the help of cows and water buffalo and then heaped on top of the foundation wall to a height of 65 cm per layer.

After a drying period of about a week the next layer of cob can be applied. In the third and fourth layers the door and window lintels and jambs were integrated as well as a ring beam made of thick bamboo canes as a wall plate for the ceiling.

The ceiling of the ground floor is a triple layer of bamboo canes with the central layer arranged perpendicular to the layers above and

mente allo strato precedente e a quello successivo, così da garantire stabilità ai lati e una connessione tra le travi di sostegno. Sullo stesso strato centrale ne è posto un altro fatto di canne di bambù e riempito con una miscela di terra, analogamente al soffitto delle costruzioni europee realizzate con il metodo "Enxaimel".

Il piano superiore è una costruzione la cui struttura è composta da quattro strati di travi in bambù con elementi verticali e diagonali disposti ad angolo retto rispetto all'edificio.

Una serie di travi di bambù, posta a metà della struttura sottostante, fornisce un sostegno per la costruzione del tetto in lamiera ondulata, coperto con pannelli in legno e regolabili in altezza in modo di garantire un sufficiente ricambio di aria. L'intero budget per la costruzione della scuola è stato reperito all'interno del villaggio e dintorni: la terra dei materiali da costruzione e il bambù sono tutti locali, così come i lavoratori nell'edilizia. Durante il processo di costruzione, questi ultimi sono stati formati per sviluppare e migliorare le loro tecniche di costruzione in bambù e terra cruda.

beneath to provide lateral stabilisation and a connection between the supporting beams.

A layer of planking made of split bamboo canes was laid on the central layer and filled with the earthen mixture analogue to the technique often used in the ceilings of European timber-frame constructions.

The upper storey is a frame construction of four-layer bamboo beams and vertical and diagonal members arranged at right angles to the building.

A series of bamboo rafters at half the interval of the frame construction beneath provide support for the corrugated iron roof construction and are covered with timber panelling and adjusted in height to provide sufficient run-off. The entire budget for the school construction remained within the village and the direct surrounding: the building materials earth and bamboo were all local as well as the construction workers.

During the construction process they were trained in improved earth- and bamboo construction techniques.

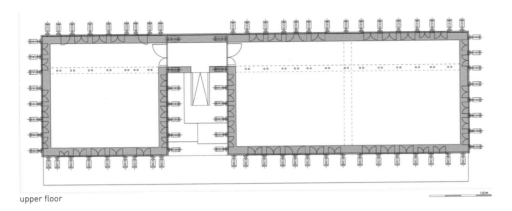

upper floor

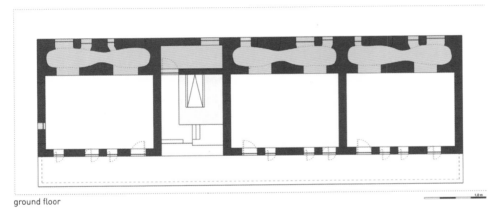

ground floor

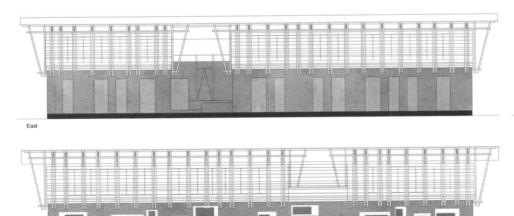

East

West

Elevation

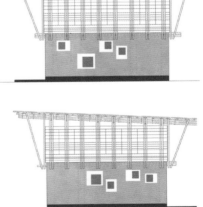

South

Project: Diébédo Francis Kére
Supervision: Issa Moné, technical officer, LOCOMAT, Burkina
Faso, training in brick production.
Coordination and management: Wénéyda Kéré, Burkina Faso
Craftsman: Sanfo Saidou ('Baba') and Oussmane Moné,
Master masons; Minoungou Saidou, welder.
Client: The community of Gando Village
Budget: 30.000 USD
Date: 1999 - October 2001
Sponsors: Schulbausteine für Gando e.V. - Bricks for a
School in Gando

www.kere-architecture.com

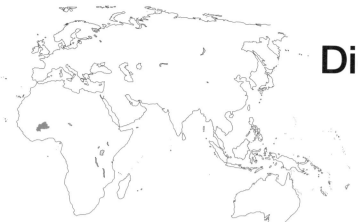

Diébédo Francis Kére

Scuola elementare / Primary school

Gando, Burkina Faso

In un paese dove solo un quarto dei bambini che dovrebbero frequentare le scuole elementari riceve un'educazione, questa scuola rappresenta una struttura necessaria per i residenti di Gando, un piccolo villaggio di 3000 persone.

Mentre era ancora uno studente di architettura a Berlino, Kéré, la prima persona di questo villaggio a studiare all'estero, ha avuto a disposizione risorse private e supporto governativo per rimpiazzare la scuola esistente fatiscente.

Il nuovo edificio fa parte di un complesso più ampio che include le abitazioni per gli insegnanti, un pozzo, un campo sportivo e altre aree. L'edificio e i materiali impiegati sono perfettamente coerenti con il contesto climatico e le condizioni economiche locali.

Un'unica ampia copertura ventilata unisce le tre classi disposte linearmente. Gli spazi esterni coperti disposti tra le classi, sono dedicati all'insegnamento e al gioco. La pietra locale in blocchi è stata utilizzata sia per le pareti che per i solai, questi ultimi supportati da barre di rinforzo. Ciò garantisce una buona massa termica riducendo di conseguenza gli sbalzi di temperatura all'interno. La copertura scherma le facciate e protegge la terra battuta interna dalla pioggia. Il raffrescamento dell'aria è ottenuto tramite la ventilazione che si crea tra il tetto e la copertura soprastante. La pavimentazione è realizzata con terra battuta.

Le persiane metalliche possono essere aperte in varie configurazioni per consentire l'ingresso dell'aria e della luce attraverso le grandi finestre. Gli elementi lignei, difficili da reperire e soggetti all'attacco delle termiti, sono stati a stento utilizzati.

Gli abitanti sono stati coinvolti in ogni aspetto della costruzione della scuola. I programmi di formazione prevedevano istruzioni per fabbricare i blocchi in argilla, i fabbri locali hanno fabbricato la copertura e le persiane, i bambini hanno aiutato a spostare le pietre e le donne a portare l'acqua da punti distanti anche diversi chilometri.

In a country where only a quarter of the primary-school-aged children receives an education, this school provides a necessary facility for the residents of Gando, a small village of 3,000 people. While he was still an architecture student in Berlin, Kéré, the first person in his village to study abroad, raised private money and government support to replace Gando's existing dark and crumbling school. The new building forms part of a larger complex which includes teachers' housing, a well, allotments and a sports field. The building and materials are perfectly adapted to both local climate and economic conditions. A large cover airy roof unites three linearly arranged classrooms. Covered outdoor spaces are placed among the classrooms, they are devoted to teaching and to play. Walls and ceiling are constructed of locally made earth blocks, the ceiling supported on reinforcement bars. This materials provide thermal mass and reduce temperature fluctuation. The roof shades the façades and protects the inside packed earth from rain. Cooling air is allowed to flow between the roof and the classroom ceilings. The floor is made of packed earth. Metal shutters can be opened in various configurations to admit light and air through large windows. Timber, difficult to obtain and subject to termite attack, was hardly used. Villagers were involved in every aspect of the school's construction. Training programmes provided instruction to make clay blocks, local smiths fabricated the roof and shutters, children helped with moving stones and women helped with carrying water from several kilometres away.

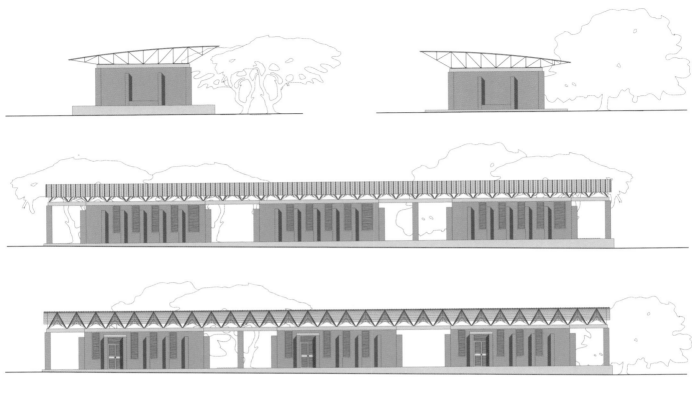

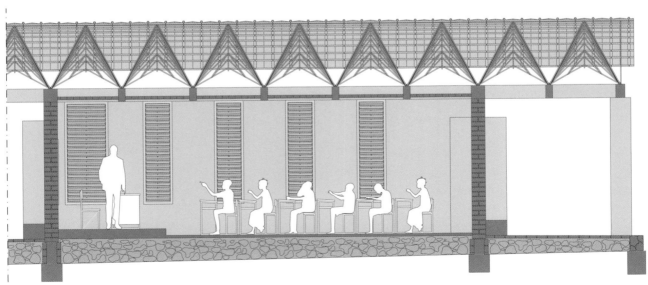

Project: Diébédo Francis Kéré
Supervision of work: Sorgho Adama
Craftsman: Mason: Sanfo Saidou, Sawadogo Benjamin
Welder: Kéré Amédé and Tarnagda Justin
Builders: Entreprise Générale de Construction
Client: Foundation Dreyer
Budget: 79.500 USD
Date: 2007

www.kere-architecture.com

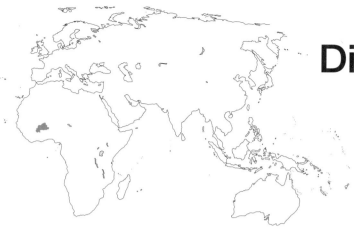

Diébédo Francis Kére

Scuola secondaria / Secondary school

Dano, Burkina Faso

Situato al confine di una piccola città del Burkina Faso, il progetto consiste nell'addizione di un edificio a forma di L ad un complesso scolastico esistente.

Il progetto è stato realizzato con materiali locali e tecniche di sostenibilità che rispondono alle caratteristiche climatiche del contesto.

Il nuovo edificio chiude l'angolo sud dell'area ed è orientato in modo tale da ridurre la luce diretta sui muri, a loro volta protetti dal sole da una sorta di pensilina.

L'estensione comprende tre blocchi separati che ospitano le classi, gli uffici e una stanza per i computer. Un anfiteatro ovale posto all'esterno viene utilizzato per sedersi durante le ricreazioni.

L'insieme è coperto da una copertura inclinata a sbalzo i cui elementi ondulati creano un ritmo in contrasto con la chiusura lineare sottostante. I muri sono realizzati con blocchi di laterite, risorsa reperibile localmente, e completati con sottili strati di cemento a formare uno spessore totale di 30 cm (partizioni portanti); il tutto poggia su una base di granito. Posizionate a distanze regolari, le alte persiane metalliche sono dipinte con i colori accesi che variano in funzione delle attività che si svolgono dentro. La copertura è costituita da elementi modulari di larghezza pari a 3 metri, assemblati con barre di acciaio da 14 a 16 mm di spessore e saldate in loco. Una lamiera metallica poggiata sulla struttura protegge l'interno dagli elementi sopracitati. All'interno delle classi, un controsoffitto ondulato largo 3 metri richiama la struttura esterna.

Feritoie nel soffitto permettono all'aria calda di uscire mantenendo l'edificio ventilato naturalmente. Composto da pannelli di cemento appesi alla costruzione con sottili piatti di acciaio, l'intradosso del soffitto è dipinto di bianco allo scopo di riflettere e distribuire in modo uniforme la luce all'interno delle classi.

Durante il processo di costruzione gli artigiani locali sono stati istruiti circa queste le nuove tecniche, con l'obiettivo, al contempo, di assicurare che le medesime fossero acquisite all'interno della comunità.

Located at the edge of a small town in Burkina Faso, the project consists in the addition of a L-shaped building to an existing school complex. The design incorporates locally available materials and sustainable features that respond to the specific constraints of climate.

This new building closes the southern angle of the compound and is oriented to reduce direct sunlight onto the walls, which are themselves protected from the sun by a wave, a sort of canopy.

The extension comprises three individual blocks housing classrooms, offices and a computer room. An oval amphitheatre, open to the exterior, serves as a sitting area during breaks.

The ensemble is covered by a tilted, cantilevering roof structure whose undulating bays create a rhythm against the orthogonal enclosure below. Walls of locally available laterite (laminated with thin layers of cement to form 30 cm thick, load bearing partitions) sit on a granite stone bed. Regularly spaced, tall window shutters are painted in bright colours that vary according to the activity inside. The roof consists of 3 meter wide, modular elements assembled from 14 mm and 16 mm thick iron bars and welded together on site. Corrugated roofing fixed to the assemblage protects the interior from the elements. Within the classrooms, a wave–like suspended ceiling defined into 3 meter bays recalls the external structure. Slits in the ceiling allow hot air to exhaust trough the roof, keeping the building naturally ventilated.

Comprised of cement stones hanging on the construction of thin, flat rolled steel, the bottom side of the ceiling is painted in reflective white to distribute light within the classrooms.

Throughout the construction process, local artisans have been trained in new techniques, ensuring that building methods would have remained within the community.

La funzione bioclimatica della sporgenza dei Tetti nei luoghi caldi viene ipotizzata dalla Soprintendenza SR con la prevenzione di ridurre la stessa sporgenza per casa mia e Capo Muro di Porco

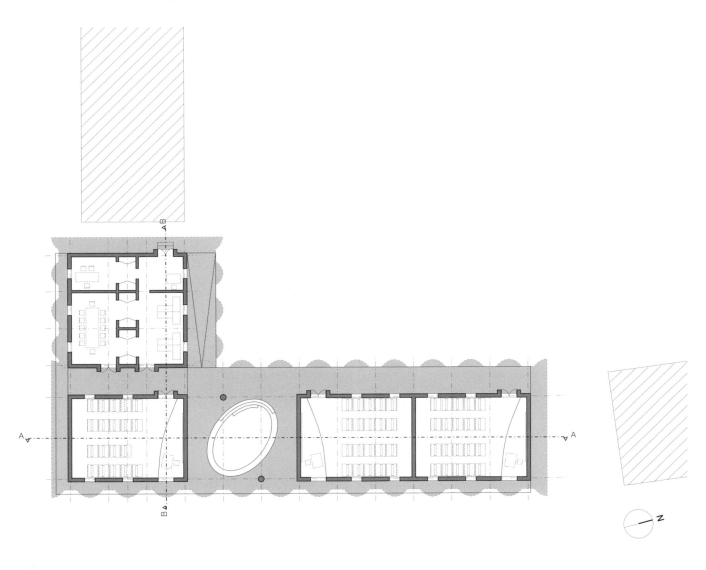

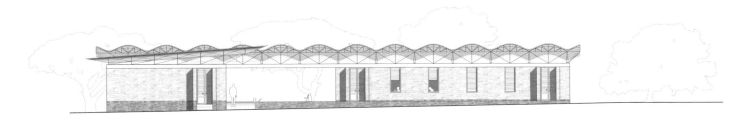

Project: Emilio Caravatti, Matteo Caravatti
Collaborators: Andrea Carmignola, Emanuele Panzeri
Structures: Francesco Astolfi
Supervision of work: Emilio Caravatti e Ing. Rayasse Soter Caius
Builders: E.R.C.H. sarl Bobodioulassò
Client: S.M.I.R.P., Suore di Maria Immacolata Regina della Pace
Budget: 115.000 Euro
Date: 2002-2003

www.emiliocaravatti.it

Emilio Caravatti
Matteo Caravatti

Centro sociale doposcuola / Community centre

Bobodioulasso, Burkina Faso

Un'esperienza di architettura realizzata in un quartiere di espansione di Bobodioulasso, seconda città del Burkina Faso in Africa occidentale.

Progettato come punto di aggregazione per i giovani del luogo, il nuovo centro doposcuola definisce una corte interna, come tradizione nella cultura abitativa locale, aperta agli usi del quartiere che si trasforma in spazi per feste, ambiti per lo studio e l'incontro tra i giovani.

Due volumi ad un piano in blocchi di laterite, una terra argillosa locale ricca di alluminio e idrossidi di ferro, che ospitano aule per studenti e una sala per conferenze, raccordano l'ampia copertura in ferro e lamiera che protegge dall'irraggiamento una parte della piazza leggermente ribassata, segnale e presenza del centro nelle vedute dal quartiere.

Le poche possibilità di dettaglio e la semplicità dell'impianto hanno aiutato a limitare le difficoltà tecniche di comunicazione e di controllo del cantiere anche attraverso l'adozione di metodi e tecnologie locali. Un progetto realizzato con fondi privati in collaborazione con una congregazione di religiose da anni impegnate sul territorio.

An experience of architecture realized in an area of expansion of Bobodioulasso, second city of Burkina Faso in western Africa. Designed as an aggregation point for the local young people, the new Community Centre consists of a courtyard that according to the tradition of the local house culture can also be used for parties, study and meeting among the young people.

Two one floor-volumes realized in blocks of laterite, a local earth rich in aluminum and iron hydroxides, contain classrooms for students and a conference room; they join the ample covering in iron and plate that protects from the sun a part of the square slightly low-floor, and it is a sign of presence of the center in the different views from the district.

The few possibilities of detail and the simplicity of the project have contributed to limit the technical difficulties of communication and control of the building site. Local methods and technologies have been adopted. A project realized with private funds in collaboration with a group of religious working on site from many years.

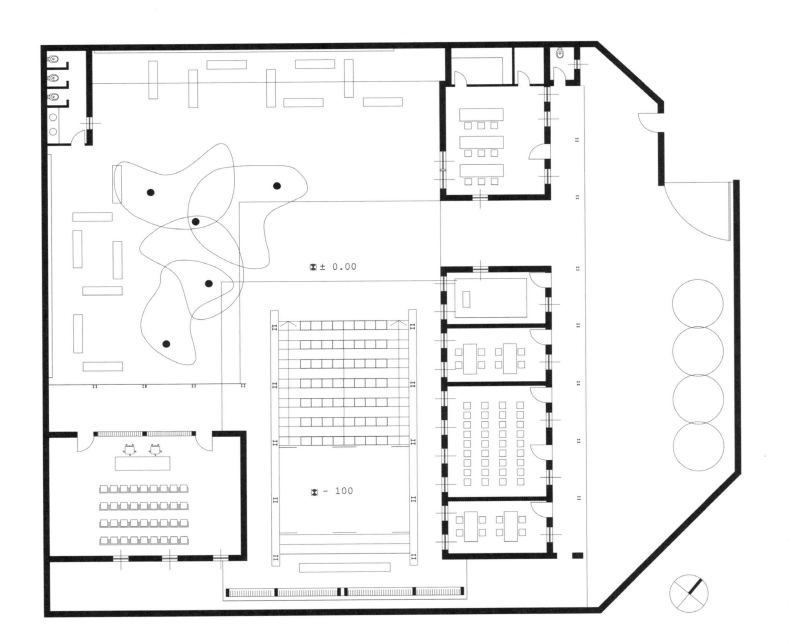

± 0.00

- 100

Project: Emilio Caravatti, Matteo Caravatti
Collaborators: Andrea Carmignola, Alessandra Damato,
Emanuele Panzeri, Maddalena Merlo
Structures: Francesco Astolfi
Supervision of work: Jean Paul Ouattarà
Builders: Entreprise Ouattarà Construction Bamako
Client: [C.E.I.] Conferenza Episcopale Italiana
Budget: 150.000 Euro
Date: 2002-2003
Photo: © Emilio Caravatti

www.emiliocaravatti.it

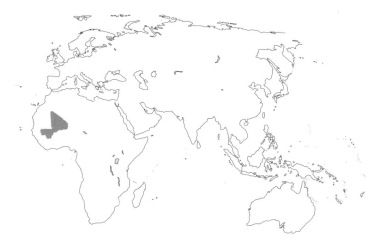

Emilio Caravatti
Matteo Caravatti

Biblioteca di quartiere / District library

Kati Koko', Mali

Nella periferia di una cittadina a 20km dalla capitale della Repubblica del Mali, tra alti alberi di mango attentamente preservati, in un terreno di forma triangolare, il progetto ha previsto la costruzione di spazi per una biblioteca ed una sala informatica ad uso di ragazzi tra i dodici e i diciotto anni.

Una copertura in lamiera, quasi un foglio "plissettato", connette la composizione dei semplici volumi con le viste e le ombre delle alberature. La corte d'ingresso delimitata dagli alberi esistenti è l'atrio dell'intero complesso.

All'esterno gli spazi di lettura sono protetti dalla vegetazione e dagli aggetti del sistema di copertura; all'interno e sui muri di recinzione accompagnano i percorsi pitture murali sui temi dello studio e della cultura locale illustrate attraverso il recupero di segni della tradizione culturale Bambarà opere dell'artista locale Alphonse Traorè. Un progetto sostenuto da fondi della Conferenza Episcopale Italiana.

In the suburbs of a town 20 km far from the capital of the Republic of Mali, among tall trees of mango carefully preserved, in an area triangular in shape, the project provides spaces for a library and a computer room for young people between twelve and eighteen years old. A laminate covering, like a "pleated" sheet, connects the simple volumes with the sights and the shades of the trees. The court of entry, delimited by the existing trees, is the atrium of the whole complex.

The outside spaces for reading are protected from the vegetation and from the projections of the covering; paths are accompanied both inside and on the walls of enclosure by mural paintings about the themes of the study and the local culture illustrated through the recovery of signs of the cultural tradition Bambarà, by the local artist Alphonse Traorè. The whole project has been funded by the Italian Episcopal Conference.

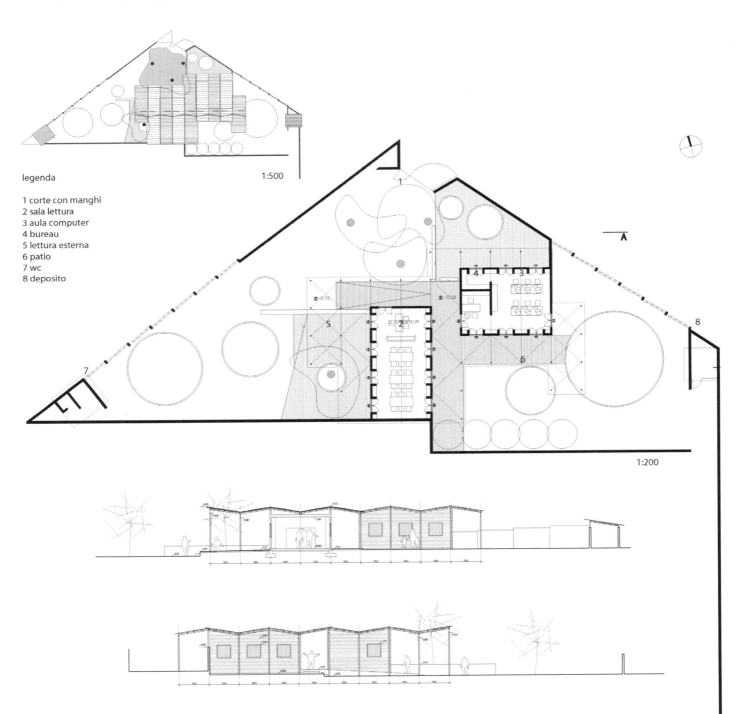

legenda

1 corte con manghi
2 sala lettura
3 aula computer
4 bureau
5 lettura esterna
6 patio
7 wc
8 deposito

1:500

1:200

Project: Emilio Caravatti, Matteo Caravatti, Sarah Trianni
Collaborators: Mocktar Djallo, Pascal Kane, Paul Tienou
Structures: Francesco Astolfi
Client: Africabougou Onlus
Budget: 18.000 Euro
Date: 2006-2007

www.africabougou.org

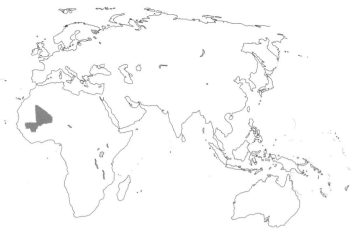

Africabougou onlus

Scuola comunitaria / Community school

Djinindjebougou, Doumbilà, Mali

Infrastrutture pubbliche nella regione del Beledougou repubblica del Mali

La Repubblica del Mali è una tra le nazioni più povere al mondo: a stento sostenuta da un'economia di sussistenza, legata ai pochi prodotti della terra, molta della popolazione non ha possibilità di accesso alle minime infrastrutture (acqua, sanità, scuola). In un contesto così caratterizzato, ogni scelta progettuale, vive di un confronto diretto con i bisogni evidenti dei luoghi e delle persone. All'interno di un programma per infrastrutture pubbliche promosso da AFRICABOUGOU, associazione onlus italiana, il progetto di architettura è opportunità per sperimentare in tutte le sue fasi un processo di collaborazione partecipativa con gli abitanti, futuri utilizzatori della struttura. Tempi, materiali e lavorazioni sono concordati in assemblee, compatibilmente ai materiali reperibili sul mercato locale e sulla base della disponibilità della manodopera, legata alle stagioni di lavoro nei campi.

La specificità sociale ed economica del contesto africano rischia di limitare il racconto ai temi della cooperazione internazionale, dell'emergenza, del bisogno, nascondendo invece ragioni e domande che sono proprie della nostra professione.

Un ambito così caratterizzato, come questo esposto nei progetti realizzati in Mali, necessita un'attenzione costante verso un'architettura dell'essenzialità, in cui il progetto nasce tentando un'immersione nell'identità dei luoghi e si costruisce attraverso un dialogo aperto con le aspettative, l'organizzazione, i ritmi, di chi quei luoghi dovrà viverli ogni giorno. Ogni scelta progettuale, costruttiva, strategica o compositiva vive di un confronto diretto con i bisogni evidenti dei luoghi, delle persone, del clima, delle possibilità tecniche e pratiche, necessario per ricercare un nesso logico tra metodo (in architettura) e impegno sociale. Impegno e metodo che non possono essere relegati solo a determinati contesti ma che coinvolgono in prima persona il nostro ruolo. Parlare di progetti di sviluppo locale, adeguati all'ambiente in cui sono inseriti, che cercano strade per evitare pericolose dipendenze, non sono solo argomenti ma vissuti importanti. Sono valori e questioni che luoghi come questi reclamano e pongono con evidenza, ma che ritengo

Public infrastructures in Beledougou region republic of Mali

The Republic of Mali is one of the poorest countries in the world. It barely supports a subsistence economy and is dependent on the few produce of the land, while much of the population has no access to indispensable services (water, health, schools). In such context, every project has to be measured against the obvious needs of places and people. As part of a program for public infrastructures promoted by Africabougou, an italian non-profit association, the architectural project was an opportunity to test in all of its phases a process of participatory collaboration with the inhabitants, the future users. The phases of work, materials and methods were agreed in assemblies. The materials and the labour depending on the availability of the local market and the seasonal work in the fields.

Such characteristic field as the works achieved in this country, requires a constant attention towards an essential architecture, where the project is born by searching the place's identity, and is built from an open dialogue with the expectative, the organisation and the rhythm of the inhabitants. Each possible project, either constructive, strategic or compositive, lives of a direct comparison/confrontation/dialogue with the evident necessities of each place, people, weather, and relies in its technical and practical possibilities. All this, necessary to find a logical link between method (architecture) and social compromise. Though, both concepts cannot be relegated only to certain contexts. It is important to talk about local development, adapted to the environment in which they are introduced and which search for ways to avoid dangerous dependencies, but not forgetting that these matters are the ones this kind of places claim with strength, and which we have to raise everywhere. The initiative is backed by Africabougou association, which was founded to promote a concept of architecture that is rooted in the context. In this region, where unbaked-earth construction technology is expressed in architecture of great character and extraordinary beauty, our work is based on a system definition with the use of traditional mud bricks and with the instruments used in the

si debbano ovunque porre. L'iniziativa è sostenuta dall'associazione Africabougou, associazione onlus fondata per promuovere progetti di sviluppo all'interno di contesti locali di margine come questi. In questa regione, dove la tecnologia della costruzione in terra ha espresso architetture di forte carattere, il nostro lavoro si fonda sulla definizione di un sistema/metodo basato sull'utilizzo di mattoni in terra cruda realizzati a piè d'opera realizzati con gli strumenti tradizionali dei campi e quelli utilizzati per la costruzione delle proprie abitazioni. Il recupero di tecniche e tecnologie oramai in disuso come ad esempio le coperture a volte in mattoni di terra non è un revival ma la dimostrazione che la nozione di materiale contemporaneo può ugualmente applicarsi al cemento armato e al fango e che i concetti stessi di contemporaneo e di tecnica non contengono giudizi di valore. Gli edifici paiono virtualmente quasi nati dal terreno che li circonda. Una esperienze di progetto, di lavoro, riflessione personale sul ruolo dell'architettura, sul come e perché intervenire anche in luoghi come questi.

"Se vogliamo un fiore, non cerchiamo di farlo con carta e colla, ma dedichiamo fatica e intelligenza a preparare il terreno, per poi piantare il seme e lasciarlo crescere. Allo stesso modo, se vogliamo sfruttare il desiderio che il contadino ha di costruire, dobbiamo darci da fare per preparare il terreno, creando una atmosfera o un clima sociale nel quale la costruzione potrà sbocciare, e non dobbiamo sciupare energie a costruire edifici che, per quanto eleganti e degni di nota, saranno altrettanto sterili di un FIORE ARTIFICIALE."

HassanFathy

I progetti facenti parte delle infrastrutture pubbliche sono:
- Scuola comunitaria; Villaggio di Fansirà Corò; Mali 2010
- Scuola comunitaria; Villaggio di Koba'; Mali 2009
- Scuola comunitaria; Villaggio di N'Tyeani ; Mali 2005
- Dispensario medico e sala per riunioni comunitarie; Villaggio di N'Golofalà; Mali 2009
- Scuola comunitaria a Djinindjebougou; Villaggio di Djinindjebougou; Mali 2007
- Case per maestri; Villaggio di N'Tyeani; Mali 2008

Scuola Comunitaria - Djinindjebougou, Mali
Due aule per scuola comunitaria (circa 8500 mattoni prodotti). É sicuramente il progetto più impegnativo. L'area è il limite sud della zona dove operiamo (la regione del Beledougou), difficile da raggiungere e con pochissime risorse di sostentamento. Non poche sono state le difficoltà affrontate a causa delle difficili condizioni ambientali. L'opera è ad uso di quattro villaggi tra loro sufficientemente vicini, (Djinindjebougou, Toulàbougou, Sadjé e Boulàbougou) che non hanno mai avuto la possibilità di fornire una scolarizzazione ai propri figli.

fields, and tools made for the construction of their own homes. These buildings virtually spring up from the ground, and the construction method is simple, facilitating the realization of the projects. The specify of the social and economical context in Africa threatens to limit the debate about region, for other matters such as the international cooperation, the urgency or necessity hiding, though, characteristic reasons and questions of our own profession, which I believe need to be raised.
An experience of project, of work, personal reflexion on the role of architecture, research on the significance of our work/operate (also) professional (also) in contexts like these.

"If we want a flower, do not try to do it with paper and glue, but prepare the ground with care and intelligence. Then plant the seed and allow time for it to grow. If we want to pay attention to the farmer's wish to build, we have to prepare the ground and create an atmosphere or a social climate where the conception of what, where and how to build will be born. Then, we do not have to waste our energy to make buildings which, even if elegant and remarkable, will be as sterile as an ARTIFICIAL FLOWER."

Hassan Fathy

Public infrastructure projects are:
- Community school; Villaggio di Fansirà Corò; Mali 2010
- Community school; Koba' Village; Mali 2009
- Community school; N'Tyeani Village; Mali 2005
- Medical dispensary and a hall for community meetings; N'Golofalà Village; Mali 2009
- Community school at Djinindjebougou; Djinindjebougou Village; Mali 2007
- Houses for teachers; N'Tyeani Village; Mali 2008

Community School - Djinindjebougou, Mali
Two classrooms for community school (around 8500 bricks). It is surely the most difficult project. The area is the south limit of the region where we operate (the region of the Beledougou), difficult to reach and with little means of sustenance. A lot of difficulties have been faced because of the local environmental conditions. The building serves four near villages (Djinindjebougou, Toulàbougou, Sadjé and Boulàbougou), that have never had the possibility to provide education to their children.

Cooperation project: Arquitectos Sin Fronteras España
Architectonic project: Chiara Gugliotta, Matteo Caravatti
Team: Alexis Duroux, Chiara Gugliotta, Gerardo Shullmann,
Maria Grande Bagazgoitia, Mariola Foix Llorens, Matteo
Caravatti, Xavi Codina
Sponsors: AECID (Agencia Española para la Cooperación
Internacional y el Desarrollo) and COAC (Collegio Oficial de
Arquitectos de Cataluña)
Budget: 12.000 Euro
Date: March-June 2009

www.asfes.org

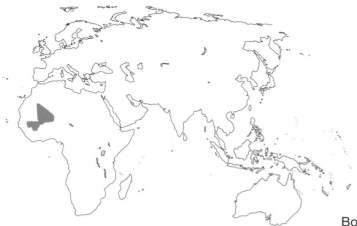

Asf España

Magazzino agricolo / Farm warehouse

Bolm Village, Wadouba, Bandiagara, Mali

La costruzione fa parte delle attività previste dal progetto di cooperazione promosso da Arquitectos Sin Fronteras España (ASF-E) in collaborazione con *Actions de Promotion Humaine* (APH), opera sociale della coordinazione di Caritas operante nel Cercle di Bandiagara, Regione di Mopti nella Repubblica del Mali.

I grandi temi che questo stato si trova ad affrontare sono tra gli altri: la progressiva desertificazione, l'erosione dei suoli coltivabili, la scarsità delle precipitazioni stagionali, l'esodo dei giovani dalle campagne.

L'edificio si trova a Bolmo, un villaggio di meno 1.000 abitanti, nel comune rurale di Wadouba, a circa 45 km da Bandiagara, sull'altopiano Dogon. E' un'area lontana dalle rotte del turismo e dove gli abitanti sono per la stragrande maggioranza coltivatori, dediti a una agricoltura di sussistenza il cui principale prodotto è lo scalogno. Riuniti in una cooperativa agricola, stentano a conservare le sementi della cipolla durante la stagione umida.

Si tratta di una costruzione ad uso comunitario di circa 120 m² costituita da tre campate voltate. Lo spazio di quella centrale viene utilizzato come luogo di scarico, pesatura e selezione dello scalogno da immagazzinare e i due spazi laterali per stoccare i prodotti in scaffalature in legno e rete metallica che garantiscono la ventilazione.

Il sistema costruttivo è misto. Si approfitta della disponibilità di pietra per la realizzazione dei muri esterni risolvendo il problema della resistenza all'acqua degli intonaci esterni, mentre si utilizza la terra per quelli interni.

L'edificio si orienta lasciando ad est (direzione di maggiore incidenza delle piogge) una facciata praticamente cieca, ad ovest l'ingresso e le aperture di maggiore superficie e a nord e sud facciate che permettano una buona ventilazione con l'uso di 200 goutieres, elementi ceramici reperibili sul mercato locale dotati internamente di griglie che impediscono l'ingresso di insetti e piccoli roditori.

La copertura utilizza la tecnica della volta nubiana che evita l'uso di cemento, ferro, legno e casseri e che permette all'esterno la realizzazione di un tetto piano e all'interno condizioni termiche particolarmente favorevoli.

The construction is part of the activities under the cooperation project sponsored by Arquitectos Sin Fronteras España (ASF-E) in collaboration with Actions de Promotion Humaine (APH), social operators working in coordination with Caritas in the Bandiagara Cercle, in the Mopti Region, Republic of Mali.

The major issues that this State is facing are the progressive desertification, the erosion of arable land, the scarcity of seasonal rainfall, the exodus of young people from the countryside.

The building is located in Bolm, a village of less than 1,000 inhabitants in the rural village of Wadouba, about 45 km far from Bandiagara, in the Dogon tableland. This is an area away from tourist routes and where the inhabitants are for the vast majority farmers, devoted to subsistence agriculture, whose main product is the shallot. They are gathered in an agricultural cooperative, struggling to preserve the onion seed during the wet season.

This is a community use building with about 120 square meters and consists of three vaulted bays. The central bay is the place for unloading, weighing and selection of shallot while the lateral bays are used to store products in wood and wire shelving that provide ventilation.

The construction system is mixed. It takes advantage of the availability of stone for the construction of exterior walls, solving at the same time the problem of water resistance of the external plaster, while land is used for domestic walls.

The building is oriented leaving to the east (towards higher incidence of rain) a facade almost blind, to the west the main entrance and the larger openings, and to the north and south walls that allow good ventilation by using 200 Goutières, ceramic elements found at the local market and provided with internal grids that prevent from insects and small rodents.

The cover is realized using the technique of the Nubian bay that avoids cement, iron, wood and outdoor molds, allowing in this way the creation of a flat roof outside and favorable temperatures inside. For the construction of the building about 6,500 blocks of cut stone, 8,500 adobe blocks for interior walls and 12,500 adobe blocks of a smaller size for the construction of the vaults have been

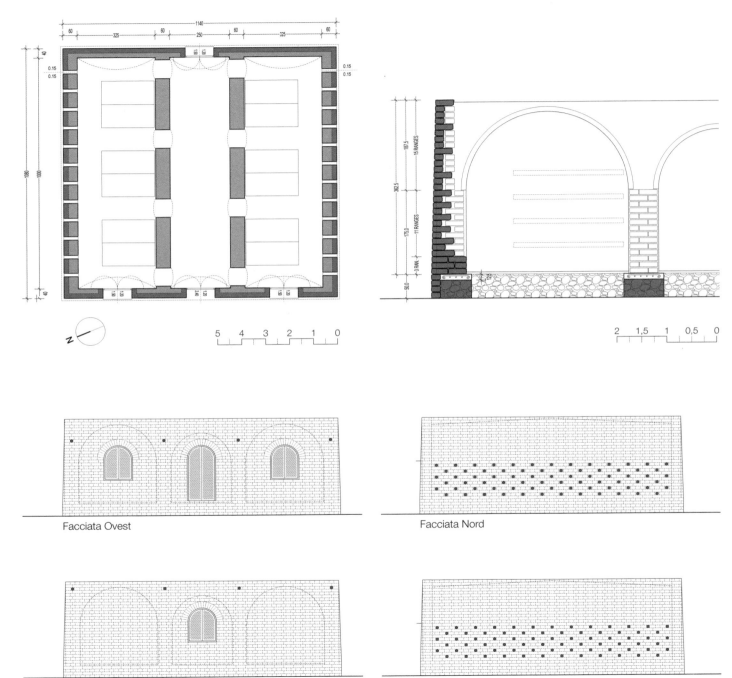

Facciata Ovest

Facciata Nord

Facciata Est

Facciata Sud

Per la costruzione sono stati necessari circa 6.500 blocchi di pietra tagliata, 8.500 mattoni in terra per i muri interni e 12.500 mattoni in terra di più piccolo formato per le costruzione delle volte di copertura; tutto materiale prodotto dagli abitanti del villaggio.

Il costo si aggira attorno ai 12.000 euro dei quali il 15% é stato fornito dalla popolazione locale attraverso la propria partecipazione diretta all'opera. L'edificio é stato realizzato durante la stagione secca del 2009 in tre mesi e mezzo di cantiere.

I lavori sono stati organizzati con la creazione di un comitato di gestione del cantiere che ha provveduto ad organizzare i gruppi di lavoro giornalieri di 10 persone ciascuno. La mano d'opera qualificata, costituita da un capo cantiere e da manovali di appoggio, é stata reperita nel mercato locale informale, senza fare capo a nessuna impresa costruttrice.

Le donne si sono incaricate di non far mancare l'acqua per la realizzazione dei mattoni e della malta in terra. L'intero villaggio, bambini compresi, ha partecipato con quotidiano appoggio alla costruzione.

used and all of them produced by the villagers.

The cost is around 12,000 euros of which 15% was provided by the local population through its direct participation at work. The building was built during the dry season of 2009 in three months and a half. A management committee has been created on site to organize working groups of 10 people each day. The skilled labour, consisting of a foreman and other workers, has been found in the informal local market, without engaging any construction company. The women have been responsible for providing water for the construction of the adobe bricks and mortar. The whole village, including children, participated with daily support in the construction.

Students: Gøran Johansen, Stine Bjar, Silje Klepsvik, Larisa Sarajlija, Olafia Zoëga, Birgitte Haug, Tord Knapstad, Kristian Endresen, Anette M. Basso, Mathias Wijnen, Dan Paul Stavaru, Naeem Searle, Siri Nicholaisen, Maria Flores Adamsen, Monica Xiao, Irmelin Rose Fisch Wågen, Tale Marie Haaheim, Ina Bakka Sem-Olsen, Eirik Solheim Aakhus
Professors: Andrè Fontes, Sixten Rahlff
Supervision: Bror Hansen
Client: Sister Catarina
Budget: 8.500 USD
Date: September - October 2009
Photo: © Ina Bakka Sem-Olsen, Tord Knapstad, Stine Bjar, Olafia Zoëga, Sixten Rahlff, Bror Hansen
Sponsors: Bergen School of Architecture

www.bergenarkitektskole.no

Bergen School of Architecture

Scuola / School

Chimundo, Mozambique

Nell'autunno del 2009, 19 studenti di architettura della Bergen School of Architecture (BAS-Norvegia) si sono recati in Mozambico con grande entusiasmo e curiosità ma con una vaga idea di quello che avrebbero fatto e incontrato.

"Il nostro arrivo nel piccolo villaggio rurale di Chimundo, presso l'asilo nido di Suor Catarina dedicato ai bambini bisognosi, è stata un'esperienza emotivamente forte. Con il supporto dell'organizzazione non governativa Aid Global, Suor Catarina gestiva un centro di formazione per adulti che la aiutava a sostenere le spese per l'asilo nido. Tuttavia, l'affitto alto per i locali destinati all'insegnamento minacciava l'esistenza dell'asilo nido. Dopo due settimane dedicate alla conoscenza del luogo, abbiamo deciso di costruire un edificio scolastico sul lotto di Suor Catarina, da utilizzare come centro di formazione nel pomeriggio e come spazio esteso per i bambini durante la giornata."

L'edificio, un corpo strutturale semplice, consiste in una stanza chiusa dedicata ai computer e alle lezioni di informatica, ed una stanza aperta per le lezioni di inglese. I solidi muri e la possibilità di chiuderla completamente rende la stanza dei computer sicura rispetto ai tentativi di furto. La stanza all'aperto è connessa allo spazio esterno, ha un soffitto molto alto e pareti non del tutto opache che lasciano filtrare la luce.
Una struttura di calcestruzzo rinforzato costituisce la parte portante nella stanza al chiuso. Il progetto lascia spazio a materiali più provvisori e più convenienti quali quelli "in-fillings". Abbiamo sperimentato i sacchetti riempiti di sabbia nelle facciate nord ed est, dove durante il periodo invernale è necessaria la massa termica; un prolungamento della copertura funziona da protezione contro il sole estivo. La facciata sud, schermata dalla copertura, è caratterizzata da un muro dotato di bottiglie di vetro per lasciare filtrare la luce senza fare entrare la polvere. Le bottiglie contribuiscono alla qualità estetica, e costituiscono una buona alternativa alle costose finestre. Il tetto, un sistema di lamiere grecate poggiate su travature reticolari a basso costo realizzate in loco, consente la raccolta delle

In the autumn of 2009, 19 architect students from Bergen School of Architecture (BAS-Norway) moved to Mozambique with enthusiasm and curiosity but with a rough idea of what would meet them, and what kind of work they would do.

"It was an emotionally strong encounter when we arrived at Sister Catarina's daycare centre for disadvantaged children in the small rural village of Chimundo. With the help of the nongovernmental organization Aid Global, Catarina also ran a trainee centre for teaching adults, which helps her cover expenses on the daycare centre. However, the lease was running out, and threatened the existence of the daycare centre. After two weeks of registrations and understanding the logic of the place, we commonly agreed to build a school-building at Catarina's plot for multi-purpose use as trainee centre in the afternoon and as an extended space for the children during day-time."

With a simple structural body, the building consists of a closed room for computer-learning, and an open room for English teaching. Solid walls and the opportunity to close off completely make the computer-room safe in terms of burglary. The open room connects with the outside, is spatial with a tall ceiling and transparent walls embracing the light.
A framework of reinforced concrete makes a permanent bearing structure in the closed room. The framing allows for cheaper more temporary materials as in-fillings. We experimented with sandbags in the east and north facade, where they functions as thermal mass in the winter, while an extension of the roof prevents sun exposure during summer. The shaded south facade has a glass-bottle wall for letting in light and keeping dust out. Bottles give an aesthetic quality, and make a good alternative to expensive windows. The roof collects rainwater into a cistern and is made with corrugated iron sheets that sit on low-cost, self-made trusses. The trusses give a natural ventilation gap for cooling, and an inner-roof of cheap locally bought straw-mats filter hot air out. Light straw-doors in the open room give a flexible use of space.

acque piovane in una cisterna. Le travature reticolari consentono una ventilazione naturale adeguata per il raffrescamento, ed un economico controsoffitto in stuoie di paglia acquistate sul posto consente l'uscita dell'aria esausta.

Le porte leggere realizzate in paglia consentono un uso flessibile della stanza all'aperto. La stanza si apre completamente verso il cortile interno a sud, e verso un piccolo albero di mango a nord.

Le due stanze, divise internamente da una grande porta scorrevole, possono essere unite oppure utilizzate singolarmente.

Volevamo stare all'interno di un costo ragionevole e abbiamo tentato dunque di utilizzare il più possibile materiali locali, cercando di combinare metodi vernacolari con interpretazioni nuove. L'intera costruzione è fatta in modo dimostrativo con l'obiettivo di renderla facilmente comprensibile e replicabile dalle persone di Chimundo. Di conseguenza, l'edificio è in se stesso istruttivo.

The room can open up completely towards the inner school-courtyard to the south, and a small mango tree to the north. The two rooms are divided internally with a large sliding door so that they can be used both separated and as one.

We wanted to stay within a reasonable economic framework and tried to use as much local materials as possible, combining vernacular methods with new interpretations. The whole construction is done in a demonstrative manner so that it is easily understood and can be carried out by the people of Chimundo. As a result, the building is in itself educational.

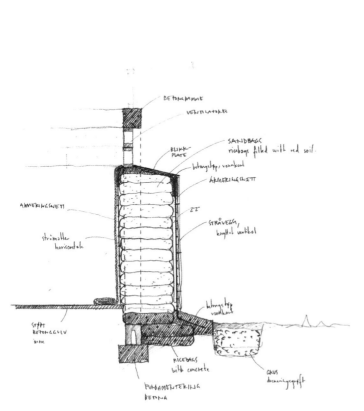

Cal-Earth Institute

Emergency shelters / Rifugi d'emergenza

Il California Institute of Earth and Architecture è una fondazione no-profit che si occupa di tecnologie per l'architettura in terra e ceramica. Fondato nel 1986 dal suo direttore, Nader Khalili (1936 -2008), il suo scopo è quello di applicare le innovazioni tecnologiche pubblicate dalla NASA relative alle costruzioni lunari e su Marte, allo sviluppo e al progetto di case per i senzatetto del mondo; a tal fine i soci di Khalili e i suoi apprendisti si dedicano alla ricerca e alla formazione del pubblico riguardo l'architettura e le arti orientate al rispetto dell'ambiente.

La filosofia di Cal-Earth è basata sull'equilibrio degli elementi naturali quali terra, acqua, aria, fuoco, e sulla loro "Unità" al servizio delle arti e dell'umanità.

La tecnologia del Superadobe (sacchetti di sabbia e filo spinato) usa materiali di guerra per fini di pace, integrando la tradizionale architettura in terra con gli odierni requisiti di sicurezza.

Sacchetti di sabbia lunghi o corti vengono riempiti con la terra del luogo e sistemati in strati o lunghe spirali (compressione, bassa tecnologia). Gli elementi in filo spinato agiscono sia come malta che come rinforzo (tensione, alta tecnologia). Possono inoltre essere aggiunti stabilizzatori come cemento o asfalto. Questa tecnologia brevettata è offerta gratuitamente ai bisognosi di tutto il mondo ed autorizzata per uso commerciale.

Il concept fu presentato inizialmente dall'architetto Nader Khalili alla Nasa per costruzioni sulla luna e Marte, come "Velcro-adobe". E' il frutto di anni di meditazione, ricerca pratica e sviluppo, cercando semplici risposte alle costruzioni in terra. Scaturisce dall'intimo bisogno di un uomo che non ha voluto essere legato ad alcun sistema costruttivo e ha cercato solamente una risposta alla necessità dell'essere umano di crearsi un "riparo".

I principi strutturali delle forme senza tempo di archi, cupole, volte, ed absidi sono realizzati con terra, sacchetti di sabbia e filo spinato e usano l'ingegneria delle strutture a guscio a semplice o doppia curvatura, per raggiungere resistenza ed estetica.

Le strutture con sacchetti di sabbia di Cal-Earth, rinforzate con filo spinato, hanno superato con successo le prove sismiche californiane, così come le prove di resistenza al fuoco, terremoti e inondazioni. L'aspetto estetico e la loro massa termica creano spazi di vita comodi, basati sull'architettura sostenibile e duratura degli ambienti freddi.

The California Institute of Earth Art and Architecture is non-profit making foundation at the cutting edge of Earth and Ceramic Architecture technologies today. Founded in 1986 by its director, Nader Khalili (1936-2008), its scope spans technical innovations published by NASA for lunar and Martian construction, to housing design and development for the world's homeless for the United Nations Continuing in his tradition, Khalili's associates and apprentices are dedicated to research and education of the public in environmentally oriented arts and architecture. Cal-Earth's philosophy is based on the equilibrium of the natural elements of earth, water, air, fire, and their Unity at the service of the arts and humanity.

Superadobe (sandbag and barbed wire) technology uses the materials of war for peaceful ends, integrating traditional earth architecture with contemporary global safety requirements. Long or short sandbags are filled with on-site earth and arranged in layers or long coils (compression, low tech). Strands of barbed wire between them act as both mortar and reinforcement (tension, hi-tech). Stabilizers such as cement, lime, or asphalt emulsion may be added. This patented technology is offered free to the needy of the world, and licensed for commercial use.

This concept was originally presented by architect Nader Khalili to NASA for building habitats on the moon and Mars, as "Velcro-adobe". It comes from years of meditation, hands-on research and development, and searching for simple answers to build with earth. It comes from the concerned heart of someone who did not want to be bound to any one system of construction and looked for only one answer in human shelter, to simplify.

The structural principles of the timeless forms of arches, domes, vaults, and apses are built with the materials of earth, sandbags and barbed wire using the engineering of single and double curvature compression shell structures, to reach the ultimate in strength and aesthetics.

Cal-Earth's sandbag structures, reinforced with barbed wire, have successfully passed tests for California's high seismic building codes, making them resistant to earthquakes as well as fire, flood, and hurricanes. Their design and thermal mass create comfortable living spaces based on the time-tested, sustainable architecture of harsh environments.

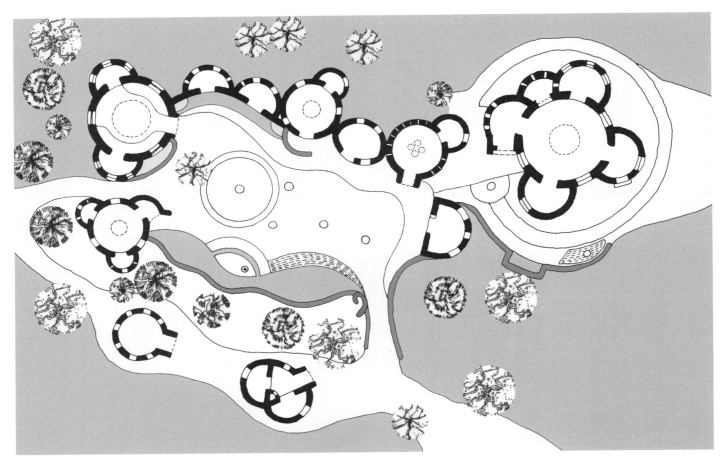

Finito di stampare nel mese di Maggio 2013
per conto di LetteraVentidue Edizioni S.r.l.
presso lo Stabilimento Tipolitografico Priulla S.r.l. (Palermo)